Helga Buß-Saathoff

Lieblingsrezepte
aus Omas Küche

Fotos:
Andreas Ketterer & Evelyn Layher

Inhalt

Kochen mit Oma

Wenn Omas berühmter Hähnchentopf sonntags seinen köstlichen Duft im Haus verbreitete, waren meine Schwester und ich nicht mehr zu halten. Ebenso wenig, wenn es ihre rote Grütze aus den Beeren des Gartens gab – einfach unvergleichlich! Noch heute schwärmen wir von den Gerichten unserer Kindheit, die Oma uns damals vorsetzte. Vielleicht geht es Ihnen damit ähnlich.

Bei Oma schmeckte es immer am besten.

Meine Oma war eine resolute Frau, die acht Kindern das Leben schenkte. Während des Zweiten Weltkriegs hatte sie es nicht leicht, die Kinder mussten satt werden. Ich durfte alles bei ihr, auch kochen. Wenn wir zusammen am Kochtopf standen, erzählte sie mir immer etwas von sich. Auch, dass sie so gerne Köchin geworden wäre. Das konnte man bei jeder Mahlzeit spüren. Es war alles mit Liebe zubereitet.

Oft habe ich morgens gefragt: „Oma, was kochst du heute?" Sie lächelte dann und meistens antwortete sie: „Hol du schon mal die Kartoffeln aus dem Keller." So gewann sie Zeit, um zu überlegen, was sie kochen wollte, und ich hatte etwas zu tun. Wenn ich in die Küche zurückkam, hatte sie dann die Antwort parat. Vor einiger Zeit drückte mir meine Schwester einen Karton in die Hand mit den Worten: „Das ist sicher was für dich!" Es waren meine alten Aufzeichnungen von Rezepten aus der Zeit, als ich noch zur Schule ging. Immer wenn ich meine Oma in den Ferien besucht hatte, brachte ich ein Rezept mit. Beim näheren Hinsehen entdeckte ich, dass auch Rezepte von Oma dabei waren. Diese musste meine Mutter an sich genommen haben, als Oma verstorben war. So eine Freude!

Gern möche ich Sie mit diesem Buch an Omas Küchenschatz teilhaben lassen. Ich wünsche Ihnen viel Spaß und gutes Gelingen bei der Umsetzung der Rezepte!

Ihre Helga Buß-Saathoff

Wie es früher war…

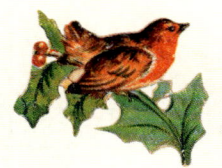

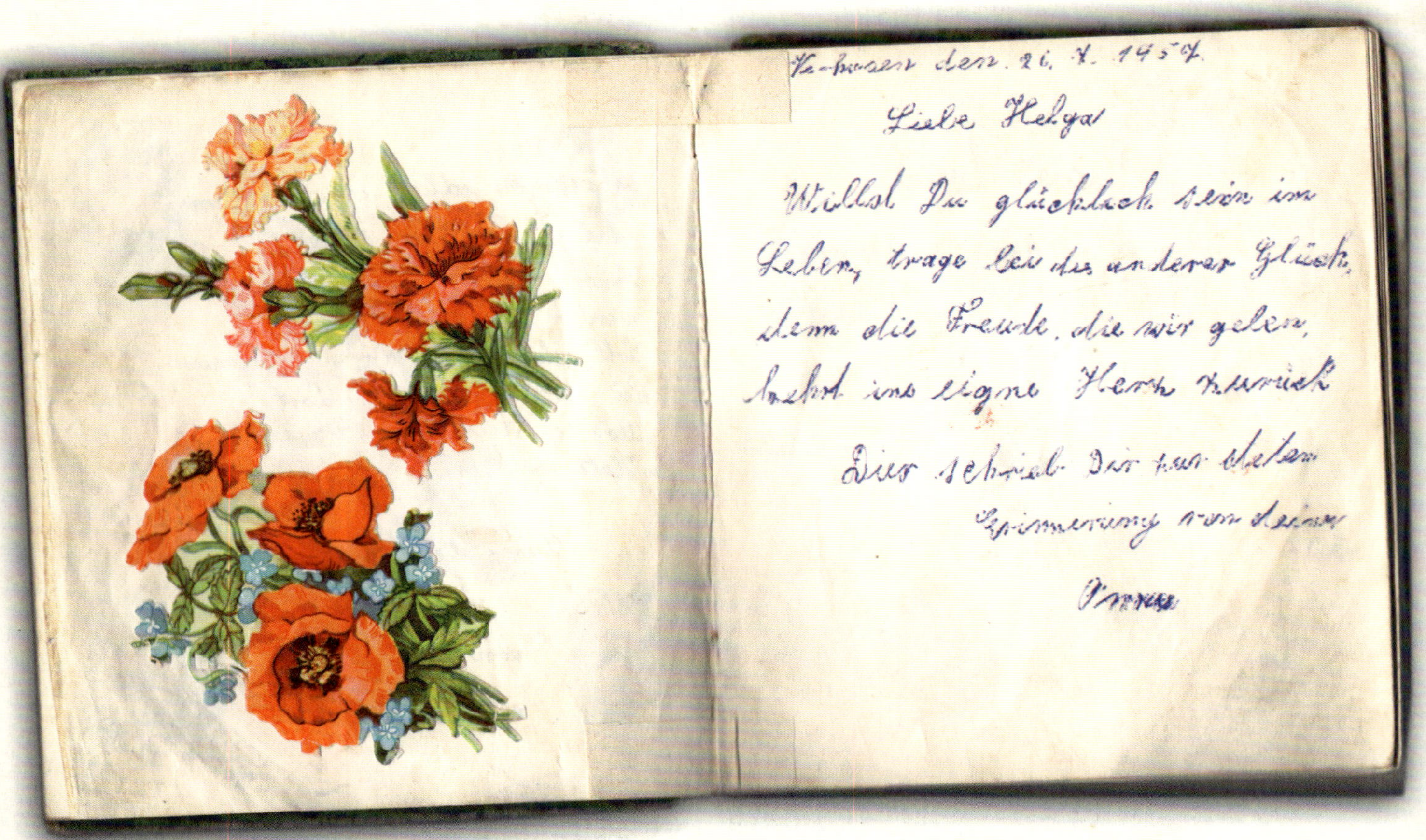

[illegible] den 26. X. 1957.

Liebe Helga

Willst Du glücklich sein im
Leben, trage bei des anderen Glück,
denn die Freude, die wir geben,
kehrt ins eigne Herz zurück

Dies schrieb Dir zur steten
Erinnerung von deiner

[illegible]

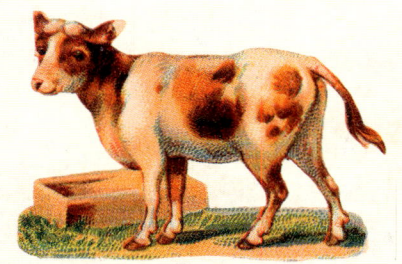

Meine Oma, 1901 geboren, stammte aus einem Fehnort in Ostfriesland. Ihre Vorfahren waren von der Insel Borkum auf das Festland übergesiedelt. Sie hatten Teile des großen Moores, des Fehns, entwässert und eine Fehnkolonie gegründet. Typisch für die Region, in der sie lebte, waren die langgezogenen Dörfer am Fehnkanal entlang, auf dem auch zu meiner Kindheit noch Torfschiffe fuhren. Man musste gut zu Fuß sein, wenn man den nächsten Kaufmann erreichen wollte. Um diese Strapazen zu umgehen und vor allem um Zeit zu sparen, wurde jeder Flecken Boden ausgenutzt, damit die Eigenversorgung sichergestellt war.

Man aß, was die Jahreszeit zu bieten hatte. Oft musste man auch improvisieren, weil es dieses und jenes heute selbstverständliche Hilfsmittel nicht gab. Deshalb ist das Buch nach den damals vorkommenden Umständen gegliedert, angefangen bei der Alltagsküche.

Der *Alltag* nahm die meiste Zeit der Woche in Anspruch und er war zu Omas Zeiten harte Knochenarbeit. Für viele Menschen auf dem Land bedeutete das überwiegend die Arbeit auf dem Feld. Die Bewohner der Städte hatten andere Arbeit, aber diese war auch nicht in acht Stunden erledigt. Für das Essenkochen blieb wenig Zeit übrig. Eigentlich lief die Küchenarbeit so nebenher. Meine Oma verstand es dennoch, auch an solch arbeitsreichen Tagen leckere Gerichte zuzubereiten. Sie werden denken, warum gibt es in dieser Rubrik so viele Gerichte mit viel Fett und vielen Kalorien? Damals brauchte man diese, denn vieles musste noch per Hand erledigt werden. Ob nun Gräben ausgehoben wurden oder Wege instand gesetzt – die Männer brauchten kalorienreiche Kost, um ihre Arbeitskraft zu erhalten. Auch heute kann man solche Gerichte durchaus auftischen; sie sind lecker, erinnern an Oma und man hat den besten Ansporn, sich anschließend bewegen zu müssen.

Sonntag war Ruhetag. Nur das Vieh wurde versorgt, ansonsten erholte man sich von der schweren Arbeitswoche. Vormittags gingen alle zur Kirche. Mittags kochte man etwas Besonderes für die Familie, den klassischen

Sonntagsbraten oder der Jahreszeit entsprechende Gerichte. Am Nachmittag bekam man Besuch oder schaute bei der Verwandtschaft vorbei.

Dem *Feiertag* habe ich ein besonderes Kapitel gewidmet, denn feiertags wurde das Beste vom Besten aufgetischt: sei es zu Ostern der Lammbraten oder Omas berühmte Hochzeitssuppe, wenn im Dorf Hochzeit gefeiert wurde. Weihnachten wurde eine der Gänse geschlachtet, die den ganzen Sommer über ums Haus herum geschnattert hatten. Die anderen Gänse verkaufte man und besorgte für das Geld schöne Weihnachtsgeschenke für die Familie. An Silvester gab es Pökelfleisch mit sauren Beilagen. So hatte man eine gute Grundlage, um ordentlich ins neue Jahr hineinfeiern zu können.

Und was aß man am *Abend?* Da meine Oma immer viele hungrige Mäuler um sich hatte, gab es auch dann meist warmes Essen. Eine Schnitte Brot war nach ihrer Meinung zu wenig. Sie tischte in der Pfanne Gebratenes und manchmal auch eine Suppe auf. Am Wochenende gab es Brot nicht nur mit Mettwurst, sondern mit speziellen Aufstrichen und speziellem Belag. Dann holte Oma den luftgetrockneten Schinken oder die eingemachte Leberwurst hervor. Diese Mahlzeiten waren nicht üppig gestaltet, aber sie waren meist sättigend. Und der Teller musste leer gegessen werden, sonst durfte man nicht aufstehen.

Das Beste für uns Kinder kam natürlich am Schluss. Oma nannte uns immer ihre *Leckermäulchen,* wenn sie uns eine rote Grütze servierte. Dafür haben wir aber auch etwas getan: Wir haben ihr die Früchte für die Grütze geliefert. In diesem Kapitel finden Sie Rezepte zu Nachspeisen, die mir als besonders lecker in Erinnerung geblieben sind und bei denen ich meine ersten Kochversuche machen konnte.

Das Thema *Vorrat* war ebenfalls sehr wichtig und begegnete uns schon früh. Denn zu Omas Zeiten gab es weder Gefriertruhen noch Kühlschränke. Rechtzeitiges Einmachen war also das A und O, wenn man den Winter über versorgt sein wollte. Deshalb habe ich diesem Thema auf den Seiten 114 und 115 noch einen Extraabschnitt aus Omas Rezeptschatzkästlein gewidmet.

Wenn ich Ihnen nun alte Rezepte zur Verfügung stelle, möchte ich darauf aufmerksam machen, dass ich viele ein wenig überarbeitet und an unsere Zeit angepasst habe. Zu vielen Rezepten fand ich eine kleine Anekdote, damit Sie einen Einblick in die Zeit bekommen, in der ich Kind war und in der meine Oma lebte.

Zwei Dinge sind sicher: Es war früher nicht alles besser, aber auch nicht alles schlechter als heute. Und wir können von unseren Urgroßmüttern und Großmüttern lernen, mit den uns zur Verfügung stehenden Ressourcen gewissenhaft und sensibel umzugehen, um dieses Wissen später an unsere Enkel weiterzugeben. Meine Oma hätte sich sehr darüber gefreut.

Gänsebraten (von Tante Tini)

5 kg schwere Gans
Salz und Pfeffer
Beifuß und Majoran

Backpflaumen
Äpfel, Zwiebel
4 Scheiben trockenes Weißbrot

3 Eier
Zucker, Anis

Schmalz zum Einreiben
Speck zum Belegen
2-3 Stunden braten 200C

mit Honig, Salz und Wasser bepinseln

Erbsensuppe

500g getrocknete Erbsen
2 Liter Wasser
250g Speck
4 Mettwürste
2 Zwiebeln
Porree
500g Kartoffeln
Salz
Petersilie

Rezepte für den Alltag

Suppen, Eintöpfe und andere
herzhafte Sattmacher

Zubereitung ca. 30 Minuten
Garen ca. 2 Stunden

für 4 Personen

Zutaten

250 g braune Bohnen
2 angetrocknete Schweinepfötchen
1 Zwiebel
250 g Kartoffeln
1 Stange Porree
1 Möhre
1 Stängel Majoran
1 Stängel Beifuß
Salz, Pfeffer
Piment
2 EL fein gehackte Petersilie

Bohnensuppe mit Schweinepfötchen

Bohnen verlesen und über Nacht in einer großen Schüssel in 2 l Wasser einweichen.

Die Bohnen abgießen. 2½ l Wasser zum Kochen bringen, die Bohnen hineingeben, einmal aufkochen lassen und abschäumen. Schweinepfötchen unter fließendem Wasser waschen und zu den Bohnen geben. Das Ganze etwa 1½ Stunden kochen lassen, dabei die Suppe mehrmals umrühren.

Zwiebel abziehen und klein schneiden, Kartoffeln schälen und würfeln. Porree putzen, längs aufschneiden, unter fließendem Wasser waschen und in Streifen schneiden. Möhre schälen und klein schneiden. Porree und Möhre mit Zwiebel und Kartoffeln zu den Bohnen geben. Majoran und Beifuß waschen, trockenschütteln, klein schneiden und ebenfalls in die Suppe geben. Alles weitere 30 Minuten garen, dabei die Bohnensuppe erneut öfter umrühren.

Die Pfötchen herausnehmen und das Fleisch vom Knochen lösen, die Schwarte bleibt dran. Das Fleisch in mundgerechte Stücke schneiden und wieder in die Suppe geben. Diese mit Salz, Pfeffer und Piment würzen und zum Schluss die fein gehackte frische Petersilie darüberstreuen.

Tipp

Statt der Schweinepfötchen können Sie auch Eisbein oder 250 Gramm angetrockneten durchwachsenen Speck verwenden.

16

Bohnensuppe
250 g Bohnen
Wasser
Schweinepfötchen
250 g Kartoffeln
1 Zwiebel
1 Möhre
Porree
Kräuter

Zutaten

750 g Steckrüben
Salz
1 Stängel Majoran
4 Mettenden
750 g Kartoffeln
150 g Möhren
100 g Äpfel
100 g Birnen
Pfeffer
50 g Butter

Steckrübeneintopf

❦ Die Steckrüben waschen, schälen und in 1 x 1 cm große Würfel schneiden. In einen großen hohen Topf geben, 1 l Wasser zugeben, salzen und zum Kochen bringen. Majoran waschen und mit den Mettenden zu den Steckrüben geben. Alles zugedeckt 30 Minuten bei schwacher Hitze kochen lassen.

❦ In der Zwischenzeit Kartoffeln waschen, schälen und in kleine Würfel schneiden. Möhren waschen, schaben und ebenfalls würfeln. Die Mettenenden aus dem Topf nehmen und in Scheiben schneiden. Kartoffeln und Möhren zu den Steckrüben geben und alles wieder zum Kochen bringen. 15 Minuten fortkochen.

❦ Äpfel und Birnen schälen, vom Kerngehäuse befreien und würfeln. Die in Scheiben geschnittenen Mettenden zum Kochgut geben und Äpfel sowie Birnen darüber verteilen. Nochmals 5 bis 10 Minuten bei geringer Hitze garen.

❦ Mit Salz und Pfeffer würzen, die Butter dazugeben und alles einmal mit einem Schaumlöffel durchrühren. Den Majoranstängel heraus-nehmen, den Eintopf in eine große Schüssel füllen und servieren.

Tipp

Immer darauf achten, dass genügend Flüssigkeit vorhanden ist. Wenn zu viel Flüssigkeit da ist, etwas abgießen, bevor Sie die Butter hineingeben.

Opa mochte Steckrüben nicht allzu gerne – er hatte während des Ersten Weltkriegs wohl zu viel davon gehabt, und so hatte sich Oma etwas Besonderes für den Steckrübeneintopf ausgedacht. Sie zerstampfte das Ganze nicht wie sonst üblich, sondern schnitt alles in kleine Würfel. Außerdem verfeinerte sie das Gericht mit Obst. Das mochte auch Opa.

Für Helga!

Steckrüben-Eintopf

Steckrüben
Wasser
Mettwurst
Kartoffeln
Möhren
Apfel und Birnen
[...]
[...]
[...]

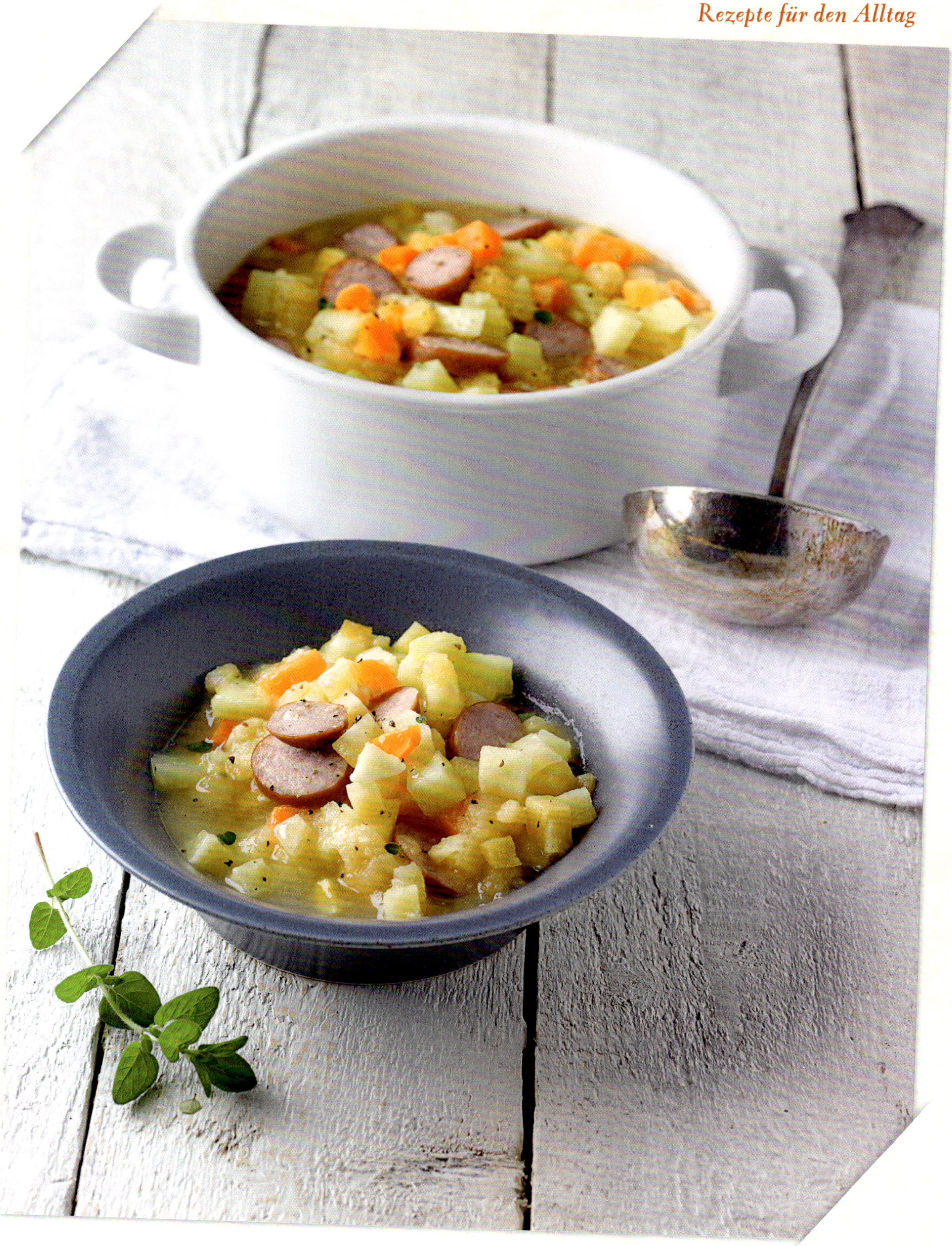

Zutaten

500 g getrocknete Erbsen
250 g angetrockneter durch-
wachsener Speck
4 luftgetrocknete Mettenden
2 Zwiebeln
500 g Kartoffeln
1 Stange Porree
Salz
2 EL fein gehackte Petersilie

Erbsensuppe

500g getrocknete Erbsen
2 Liter Wasser
250g Speck
4 Mettwürste
2 Zwiebeln
Porree
500g Kartoffeln
Salz
Petersilie

20

Deftige Erbsensuppe

Rezeptfoto Seite 14

Erbsen verlesen, in eine große Schüssel geben und über Nacht in 2 l Wasser einweichen.

Die Erbsen abgießen. 2½ l Wasser zum Kochen bringen, Erbsen hineingeben, einmal aufkochen lassen und abschäumen. Speck und Mettenden dazugeben und etwa 1½ Stunden fortkochen, dabei mehrmals umrühren.

Zwiebeln abziehen und klein schneiden. Kartoffeln schälen und würfeln. Porree putzen, längs aufschneiden, unter fließendem Wasser waschen und in Streifen schneiden. Mit den Zwiebeln und den Kartoffeln zu den Erbsen geben und alles weitere 30 Minuten kochen. Die Suppe setzt leicht an, deshalb öfter umrühren.

Das Fleisch herausnehmen und in Scheiben schneiden. Die Kartoffeln – wenn nötig – etwas zerstampfen. Die Suppe salzen und mit der Petersilie bestreuen. In eine Terrine füllen und das Fleisch wieder in die Suppe geben.

Tipp

Sie können auch geschälte grüne Erbsen verwenden. Diese müssen Sie nicht vorher einweichen, und sie brauchen zum Garen etwa eine halbe Stunde weniger.

Eine Erbsensuppe schmeckt auch gut, wenn man sie schon einen Tag vorher zubereitet. Oma machte das auch so! Wenn bei uns am anderen Tag Korn gedroschen wurde und viele der Arbeiter bei uns etwas zu Mittag bekommen sollten, dann kochte Oma schon am Tag vorher die Suppe.

Graupensuppe

Rezeptfoto Seite 14

Zubereitung ca. 30 Minuten
Garen ca. 1 Stunde 20 Minuten

für 4 Personen

❧ In einem großen Topf 2½ l Wasser zum Kochen bringen. Die Schälrippchen unter fließendem Wasser abspülen und in den Topf geben. Etwa 30 Minuten bei mittlerer Hitze kochen lassen. Anschließend die luftgetrockneten Mettenden dazugeben und alles weitere 30 Minuten bei mittlerer Hitze garen.

❧ Kartoffeln waschen, schälen und vierteln. Die Möhre waschen, schaben und würfeln. Den Porree putzen, längs aufschneiden, unter fließendem Wasser abspülen und in Streifen schneiden. Kartoffeln, Möhrenwürfel und Porree zum Fleisch in den Topf geben. Einmal aufkochen lassen, anschließend die Graupen hinzufügen und alles 15 Minuten bei schwacher Hitze fortkochen. Dabei ab und zu umrühren.

❧ Die Suppe mit Salz würzen. Die Schälrippchen und die Mettenden herausnehmen und in mundgerechte Stücke schneiden. Diese Stücke auf tiefe Teller geben, die Suppe darübergießen und mit Petersilie bestreut servieren.

Zutaten

250 g getrocknete Schälrippchen
250 g luftgetrocknete Mettenden
500 g Kartoffeln
1 Möhre
1 Stange Porree
200 g dicke Graupen
Salz
2 EL gehackte Petersilie

Tipp

Anstatt der getrockneten Schälrippchen können Sie für die Graupensuppe auch Kasseler Bauchfleisch verwenden.

Mein Opa aß für sein Leben gerne Graupensuppe. Die Suppe war gut sättigend, und vor allem wurde immer genügend Fleischeinlage mitgekocht. Er wollte jedoch nicht, dass Oma zu viel „Grünzeugs" in die Suppe gab. „Das verdirbt mir den Geschmack!", hörte ich ihn einmal sagen.

Zubereitung ca. 20 Minuten
Garen ca. 50 Minuten

für 4 Personen

Kartoffelsuppe

Zutaten

4 luftgetrocknete Mettenden
800 g Kartoffeln
1 Stange Porree
1 Stängel Liebstöckel
3 EL Butter
3 EL Sahne
Salz, Pfeffer
Muskatnuss, frisch gerieben
Piment
2 EL gemischte gehackte Kräuter,
z.B. Petersilie und Schnittlauch

❧ In einem großen Topf 2 l Wasser zum Kochen bringen. Die luftgetrockneten Mettenden hineingeben und 30 Minuten bei mittlerer Hitze kochen lassen.

❧ In der Zwischenzeit die Kartoffeln waschen, schälen und würfeln. Den Porree putzen, längs aufschneiden, unter fließendem Wasser abspülen und in Streifen schneiden. Liebstöckel waschen, trockenschütteln und fein schneiden. Kartoffeln, Porree und Liebstöckel zu den Mettenden in den Topf geben und 15 bis 20 Minuten mitkochen.

❧ Mettenden herausnehmen, in Scheiben schneiden und beiseitestellen. Kartoffeln mit dem Kartoffelstampfer zerkleinern. Mettendenscheiben wieder in die Suppe geben, die Suppe umrühren, aber nicht mehr kochen lassen.

❧ Butter und Sahne unterrühren und mit Salz, Pfeffer, Muskatnuss sowie Piment würzen. Die Suppe in eine Terrine füllen und mit den gehackten Kräutern bestreut servieren.

Tipp

Liebstöckel, auch Maggikraut genannt, kann problemlos durch Beifuß oder Majoran ersetzt werden.

Oma verpasste der Kartoffelsuppe einen Geschmack, den man sich merken konnte. Ihre Kartoffelsuppe hatte ein Aroma, das nach frisch gerodeten Kartoffeln und Vorweihnachtszeit schmeckte. Mag sein, dass sie auch manchmal Piment mit Zimt verwechselt hat.

Zubereitung ca. 30 Minuten
Garen ca. 1½ Stunden

für 4 Personen

Zutaten

700 g getrocknete Bohnen mit Schale

400 g getrockneter durchwachsener Speck

1 Stängel Bohnenkraut

750 g Kartoffeln

50 g Butter

Salz, Pfeffer

Muskatnuss, frisch gerieben

Eintopf mit getrockneten Bohnen

❧ Die Bohnen vom Band nehmen und mit einer Schere immer zwischen den einzelnen Bohnen in Stücke schneiden. In eine große Schüssel geben und über Nacht in 2 l Wasser einweichen.

❧ Die Bohnen abgießen und in einen großen Topf geben. 1 l frisches Wasser daraufgießen und zum Kochen bringen. Den durchwachsenen Speck auf die Bohnen legen, das Bohnenkraut unter fließendem Wasser abspülen und ebenfalls zugeben. Alles etwa 1 Stunde bei schwacher Hitze kochen lassen.

❧ Die Kartoffeln waschen, schälen, würfeln, zu den Bohnen geben und 20 Minuten mitgaren. Falls noch Flüssigkeit im Topf vorhanden ist, diese abgießen, aber auffangen. Das Bohnenkraut aus dem Topf nehmen, den Speck ebenfalls herausnehmen und beiseitestellen. Die Butter unter den Eintopf rühren und alles einmal durchstampfen. Mit der aufgefangenen Flüssigkeit verdünnen, falls der Eintopf zu fest wird. Mit Salz, Pfeffer und Muskatnuss würzen.

❧ Den Speck in mundgerechte Stücke schneiden und auf den in einer großen Schüssel angerichteten Eintopf geben.

Tipp

Dieser Eintopf ist besonders reich an Ballaststoffen.

Grüne Bohnen, in denen die Bohne schon richtig zu sehen war,
wurden gewaschen, auf Handtüchern getrocknet und dann auf einen
etwa einen Meter langen Bindfaden aufgereiht. Diesen hängte man in
der Diele zum Trocknen an die Decke. Beim Bohnenauffädeln ging es
lustig zu. Die Frauen sangen Lieder und erzählten sich Geschichten.
Nebenher wurde Tee oder Kaffee getrunken, das gehörte dazu.

Zutaten

1 kg Salzschneidebohnen
400 g Hohe Rippe vom Rind
1 kg Kartoffeln
50 g Butter
Essig nach Geschmack

Schnippelbohnen

❧ Salzschneidebohnen mindestens 12 Stunden in 3 l Wasser entsalzen.

❧ Die Bohnen in ein Sieb abgießen und unter fließendem Wasser abspülen. Mit 1 l Wasser in einen größeren Topf geben. Die Hohe Rippe ebenfalls unter fließendem Wasser abspülen und zu den Salzschneidebohnen geben. Alles zum Kochen bringen und bei schwacher Hitze 1 Stunde fortkochen.

❧ Kartoffeln waschen, schälen und grob würfeln. Zu den Salzschneidebohnen geben und 20 Minuten mitkochen. Das Fleisch herausnehmen, in mundgerechte Stücke schneiden und warm stellen.

❧ Die Salzschneidebohnen mit der Butter verfeinern, etwas zerstampfen und mit Essig abschmecken. Die Salzschneidebohnen auf einer großen Platte anrichten, das Fleisch dazulegen und nach Belieben mit Rote Bete (Rezept siehe S. 132) servieren.

Die im Spätsommer in Salz eingelegten Bohnen wurden zu Omas Zeiten speziell im Winter gegessen. Heute kann man das ganze Jahr über Salzschneidebohnen kaufen. Diese sind aber wesentlich salziger als die von Oma eingesalzenen Bohnen. Es ist also ratsam, die gekauften Salzschneidebohnen vorher längere Zeit zu wässern.

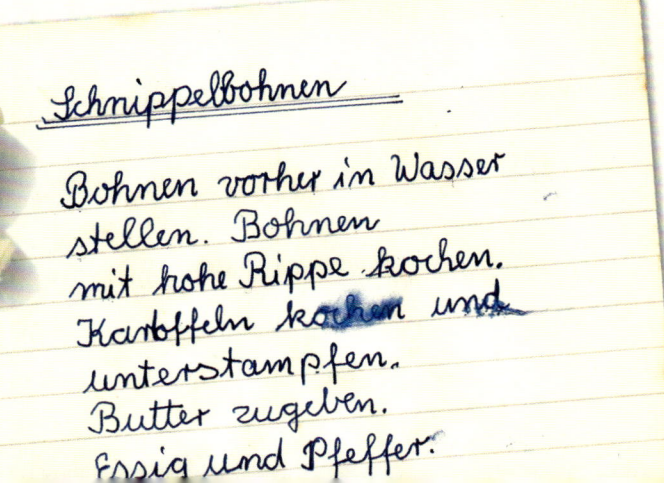

Schnippelbohnen

Bohnen vorher in Wasser
stellen. Bohnen
mit hohe Rippe kochen.
Kartoffeln kochen und
unterstampfen.
Butter zugeben.
Essig und Pfeffer.

Schweinshaxe mit Sauerkraut

Zutaten

4 gepökelte Eisbeine
2 Zwiebeln
2 Lorbeerblätter
3 Gewürznelken
1 EL Pfefferkörner
1 EL + 1 TL Zucker
800 g Sauerkraut
1 EL Wacholderbeeren
800 g Kartoffeln
200 ml heiße Milch
100 g Butter
Salz
Muskatnuss, frisch gerieben

❧ Die Eisbeine unter fließendem Wasser waschen und trockenreiben. In die Haut mit einem scharfen Messer Karos schneiden. In einem großen Topf 2 bis 3 l Wasser zum Kochen bringen, die Eisbeine hineingeben. 1 Zwiebel abziehen, die Lorbeerblätter mit den Gewürznelken auf der Zwiebel feststecken und diese mit in den Topf geben. Die Pfefferkörner ebenfalls dazugeben und alles zum Kochen bringen. Zugedeckt bei schwacher Hitze 1½ Stunden fortkochen.

❧ Den Backofen auf 200 °C vorheizen. Die Eisbeine aus der Brühe nehmen. 5 Esslöffel von der Brühe in eine Tasse geben und mit 1 Esslöffel Zucker verrühren. Mit dieser gezuckerten Brühe die Eisbeine einpinseln, diese in einen Bräter legen und 20 Minuten im Ofen knusprig braun braten.

❧ Die restliche Zwiebel abziehen und fein hacken. Das Sauerkraut in einen zweiten Topf geben, ½ l von der Brühe sowie die gehackten Zwiebeln und die Wacholderbeeren hinzufügen und 30 Minuten bei schwacher Hitze kochen lassen.

❧ In der Zwischenzeit die Kartoffeln waschen, schälen und mit 200 ml Wasser in einen dritten Topf geben. Zum Kochen bringen und zugedeckt etwa 20 Minuten garen. Das restliche Wasser abgießen. Die Kartoffeln mit heißer Milch, Butter, Salz und Muskatnuss zerstampfen.

❧ Das Sauerkraut mit dem restlichen Zucker abschmecken, auf einer Platte anrichten, ringsherum die Stampfkartoffeln geben und obendrauf die gebräunten Eisbeine.

Tipp

Die restliche Kochbrühe aufbewahren, sie hält sich bis zu einer Woche im Kühlschrank.

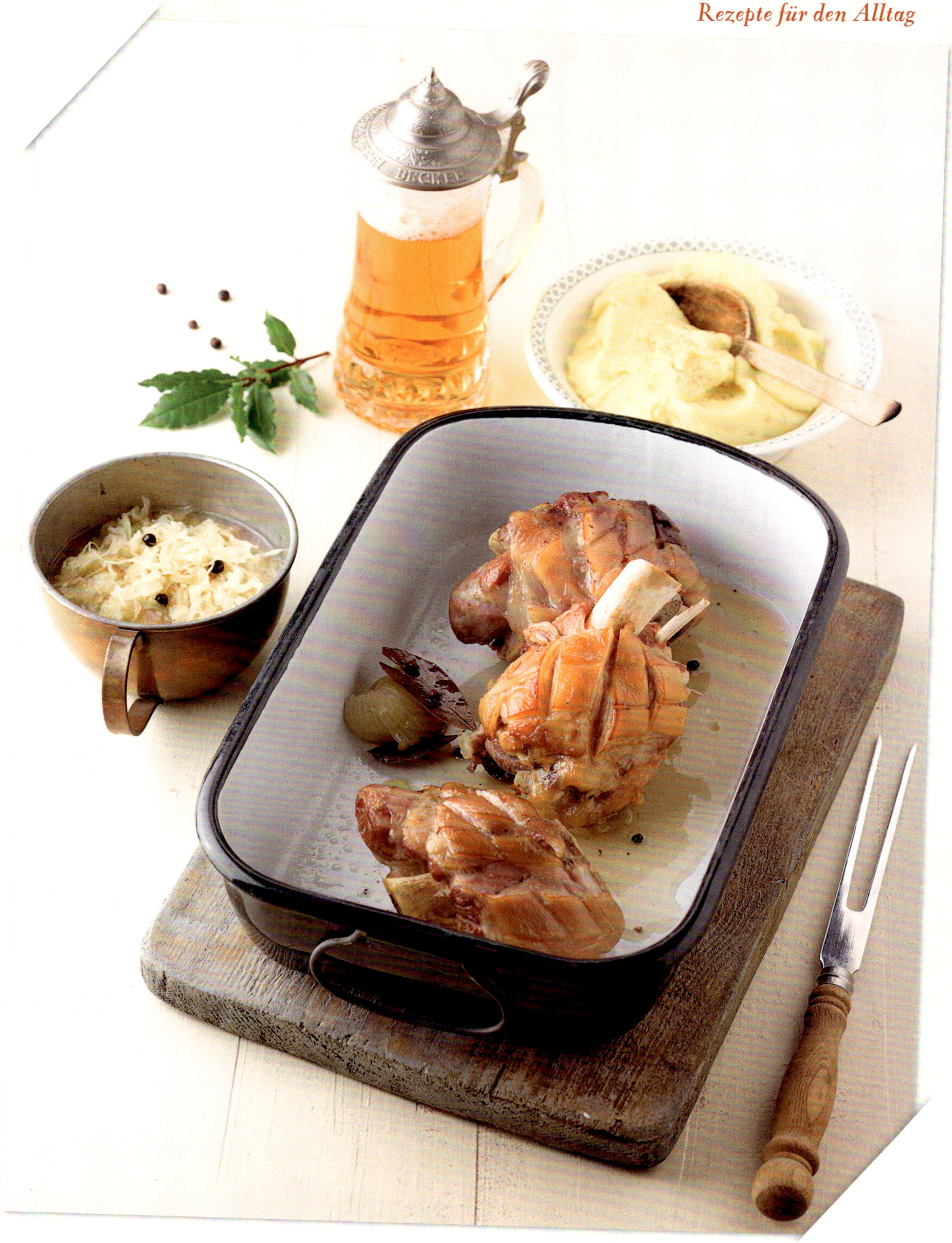

Zubereitung 30 Minuten
Garen 20 Minuten

für 4 Personen

Zutaten

800 g Kartoffeln
1 TL + 1 Prise Salz
125 g fetter Speck
125 g Zwiebeln
40 g Mehl
¼ l Milch

Pellkartoffeln mit Omas weißer Specksoße

❧ Die Kartoffeln mit ¼ l Wasser und 1 Teelöffel Salz in einen Topf geben und zum Kochen bringen. Zugedeckt 20 Minuten bei schwacher Hitze garen.

❧ In der Zwischenzeit den Speck in dünne, etwa 2 x 2 cm große Scheiben schneiden. Die Zwiebeln abziehen und fein würfeln. Den Speck in einer Pfanne bei mittlerer Hitze auslassen. Mehrfach wenden, bis er knusprig braun ist. Dann die Zwiebelwürfel zugeben und in dem heißen Fett anrösten. Die Pfanne vom Herd nehmen, Zwiebeln und Speck mit dem Mehl bestäuben und dieses anschließend unter Rühren anschwitzen – allerdings nur kurz, das Mehl darf nicht braun werden. Mit ¼ l Wasser ablöschen und mit der Milch auffüllen. Noch einmal aufkochen und mit 1 Prise Salz würzen.

❧ Die Kartoffeln abgießen und mit der weißen Specksoße servieren.

Bei Oma durfte ich mir meine Pellkartoffeln immer selber pellen. Alle mochten Omas Specksoße so gerne – sie stand während des Essens in der Mitte auf dem Tisch, und jeder dippte seine auf einer Gabel aufgespießte Kartoffel hinein. Wer am schnellten essen konnte, bekam die größte Portion ab. Hier waren größere Kinder gegenüber den kleineren natürlich im Vorteil.

Rezepte für den Sonntag

Braten, Geschmortes und weitere Sonntagsklassiker

Zubereitung 30 Minuten
Garen 1¼ Stunden

für 4 Personen

Zutaten

30 g Schweineschmalz
500 g dicke Rippchen
Salz, Pfeffer
300 g Zwiebeln
1 l Fleischbrühe
500 g Kartoffeln
750 g Wirsing
Kümmel
Muskatnuss, frisch gerieben

Wirsingtopf mit dicken Rippchen

❧ Das Schweineschmalz in einen großen Topf geben und erhitzen. Dicke Rippchen salzen und pfeffern und anschließend von allen Seiten im Schweineschmalz anbraten.

❧ Zwiebeln abziehen, grob zerkleinern und zum Fleisch in den Topf geben. ¼ l Fleischbrühe angießen und alles zugedeckt 50 Minuten bei schwacher Hitze garen.

❧ In der Zwischenzeit Kartoffeln waschen, schälen und in Würfel schneiden. Wirsing putzen, in Streifen schneiden, in ein Sieb geben und unter fließendem Wasser waschen. Wirsing und Kartoffeln abwechselnd auf die Rippchen schichten, mit der restlichen Fleischbrühe auffüllen und mit Kümmel würzen. Zugedeckt weitere 20 Minuten garen. Vor dem Servieren mit Salz, Pfeffer und Muskatnuss abschmecken.

Tipp

Dieses Rezept empfiehlt sich auch für Campingfreunde. Das Fleisch kann schon vorher zu Hause zubereitet und dann eingeweckt werden. Kohl und Kartoffeln brauchen keinen besonderen Lagerungsort. Zudem wird nur ein Topf benutzt.

Heute ist der Wirsingkohl ein alltägliches Gericht. Früher jedoch wurde er nur im Spätsommer gegessen, denn er hielt sich nicht so lange wie z.B. der Weißkohl. Oma bewahrte das Gemüse im Keller auf. In große Steingutgefäße wurde heller Sand abwechselnd mit dem Gemüse geschichtet. So blieb alles eine ganze Weile frisch.

Wirsingkohl (Eintopf)

1 kg. Wirsing (vorbereiten)

Pfd. Fleisch (v. Bauch) anbraten

Kartoffeln
Wasser

Weißkohlauflauf

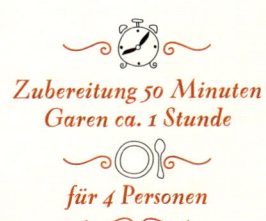

Zubereitung 50 Minuten
Garen ca. 1 Stunde

für 4 Personen

Zutaten

1 kg Weißkohl
8 EL Butter
Kümmel
Salz, Pfeffer
Muskatnuss, frisch gerieben
1 TL Senf
500 g getrocknete Mettwurst
2 Zwiebeln
500 g Kartoffeln
Butter für die Form
4 EL Paniermehl

꙰ Den Weißkohl putzen, waschen und in Streifen schneiden. 3 Esslöffel Butter in einem Topf erhitzen und die Kohlstreifen darin andünsten. 1/8 l Wasser zugießen, mit Kümmel, Salz, Pfeffer und Muskatnuss würzen und zugedeckt 20 Minuten garen.

꙰ Den Senf mit etwas Salz und Pfeffer verrühren. Die Mettwurst in ½ cm dicke Scheiben schneiden und diese mit der Senfmischung bestreichen. Zwiebeln abziehen, fein würfeln und mit 2 Esslöffel Butter in einer Pfanne glasig dünsten. Kartoffeln waschen, schälen und in 1 cm große Würfel schneiden.

꙰ Eine feuerfeste Auflaufform mit Butter einfetten. Weißkohl, Mettwurstscheiben, Zwiebeln und Kartoffeln abwechselnd einschichten, die oberste Schicht sollte Weißkohl sein. Mit Paniermehl bestreuen und die restliche Butter in Flöckchen daraufsetzen. Den Auflauf 30 bis 40 Minuten bei 175 °C im Backofen garen.

Als Armeleuteessen wurde der Kohl früher von denjenigen verachtet, die sich mehr leisten konnten. Aber man nannte den Kohl auch den Arzt des kleinen Mannes. Er enthält mehr Vitamin C als die vielgepriesenen Zitrusfrüchte. Wenn man ihn richtig würzt – Oma gab immer Kümmel dazu –, liegt er überhaupt nicht schwer im Magen. Heute ist der Kohl auf dem besten Weg, auch in der gehobenen Gastronomie Fuß zu fassen.

Zutaten
für die Rinderrouladen
4 Zwiebeln
80 g fetter Speck
4 Rinderrouladen
Salz, Pfeffer
2 EL Senf
4 kleine Gewürzgurken
50 g Rindertalg
1 Prise Zucker
20 g Kartoffelmehl

außerdem
weißes Küchengarn

Rinderrouladen mit Rosenkohl und Salzkartoffeln

Rezeptfoto Seite 4

Rinderrouladen

❧ Die Zwiebeln abziehen und in feine Würfel schneiden. Den Speck in 4 gleich große Stücke oder Scheiben schneiden. Die Rouladen einzeln auf ein nasses Holzbrett legen und mit der flachen Hand flach klopfen. Jede Roulade mit Salz und Pfeffer würzen und mit ½ Esslöffel Senf bestreichen. An einem Ende mit dem Speck und einer Gurke belegen und 1 Esslöffel Zwiebelwürfel dazugeben.

❧ Die Längsseiten der Roulade 1 cm einschlagen, anschließend von der belegten Seite her aufrollen. Mit Küchengarn zu einem Päckchen verschnüren, nochmals salzen und pfeffern.

❧ Den Rindertalg in einem Bratentopf erhitzen und die restlichen Zwiebeln darin anbräunen. Rouladen und Zucker hinzufügen und das Fleisch schnell von allen Seiten braun anbraten.

❧ Mit 200 ml Wasser ablöschen und bei geringer Hitze zugedeckt etwa 1 bis 1¼ Stunde garen. Darauf achten, dass genügend Flüssigkeit im Topf ist, und die Rouladen während der Garzeit mehrmals wenden.

❧ Anschließend das Fleisch herausnehmen, vom Küchengarn befreien und warm stellen. 100 ml Wasser mit dem Kartoffelmehl verrühren und den Bratensud unter Rühren einmal aufkochen. Die Soße auf eine tiefe Bratenplatte gießen und die Rouladen in der Soße servieren.

Rosenkohl

♺ Den Rosenkohl waschen und putzen, dabei die Stielansätze kreuzweise einschneiden. ½ l Wasser in einem Topf erhitzen, den Rosenkohl hineingeben und bei mittlerer Hitze zugedeckt etwa 15 Minuten garen. Erst nach dem Garen salzen, sonst schmeckt der Kohl bitter.

♺ Die Butter in einem weiteren Topf erhitzen, das Mehl hineinstäuben und mit Gemüsebrühe ablöschen. Einmal unter Rühren aufkochen lassen. Mit Muskatnuss würzen und die Sahne unterrühren. Den Rosenkohl auf einem Sieb abtropfen lassen, in eine Schüssel geben und mit der Soße beträufelt servieren.

Salzkartoffeln

♺ Kartoffeln waschen, schälen, mit ¼ l Wasser und dem Salz in einen Topf geben und zum Kochen bringen. Zugedeckt etwa 20 Minuten bei schwacher Hitze garen. Das überschüssige Wasser abgießen, die Salzkartoffeln in eine Schüssel geben und zu den Rouladen sowie dem Rosenkohl servieren.

für den Rosenkohl

800 g Rosenkohl
Salz
50 g Butter
50 g Weizenmehl
½ l Gemüsebrühe
Muskatnuss, frisch gerieben
2 EL Sahne

für die Salzkartoffeln

800 g Kartoffeln
1 TL Salz

In meiner Kinderzeit haben wir zwei Mal in Hausschlachtung ein Rind geschlachtet. Ich kann mich gut an das eine Tier erinnern. Als Kalb war es immer hinter uns her gelaufen, wie ein Hund. Es hörte auf den Namen Lori, und vor allem meine Schwester spielte mit dem Tier. Sie hat auch kein Stück von dem Fleisch angerührt.

39

Zubereitung 20 Minuten
Garen ca. 1½ Stunden

für 4 Personen

Zutaten

800 g Lammfleisch vom Nacken
Salz, Pfeffer
gemahlener Rosmarin
4 Schalotten
50 g fetter Speck
10 ml Weinbrand
200 g Sahne

Lammbraten

Das Lammfleisch waschen, trockentupfen, in 4 Stücke teilen und mit Salz, Pfeffer sowie Rosmarin einreiben. Die Schalotten abziehen und fein würfeln. Den Speck in dünne Scheiben schneiden, in einen Bratentopf geben und auslassen. Das Lammfleisch in dem heißen Fett von allen Seiten anbräunen. Die Schalotten zugeben und ebenfalls anbräunen. Mit Weinbrand ablöschen, das Fleisch im Bratensud wenden. 100 ml Wasser angießen und alles zugedeckt bei schwacher Hitze etwa 50 Minuten garen. Dabei das Fleisch ab und zu wenden und bei Bedarf noch 100 ml Wasser nachgießen. Wenn das Fleisch gar ist, herausnehmen und auf einer Platte im Backofen warm stellen.

Den Bratenfond mit Sahne auffüllen, etwas einkochen lassen und anschließend über das Fleisch geben. Nach Belieben mit Rotkohl (Rezept siehe S. 42f.) und Salzkartoffeln servieren.

Mit den kleinen Lämmern, die jedes Jahr vom Mutterschaf geboren wurden, hatte Oma viel Glück. Sie wurden im Herbst verkauft oder geschlachtet. Einmal gab es sogar drei Lämmer auf einmal. Da das Schaf aber nur zwei Zitzen hatte, musste eines der kleinen Lämmer mit der Flasche aufgezogen werden. Daran hatten wir Enkelkinder viel Freude. Wenn dann die Zeit der Schlachtung kam, grollten wir mit den Erwachsenen, taten unseren Missmut kund und waren für einige Wochen „ungezogene Kinder".

40

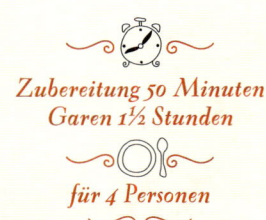

Zubereitung 50 Minuten
Garen 1½ Stunden

für 4 Personen

Zutaten

für den Schweinebraten

1 kg Schweinefleisch, Karbonade
(Rippen- bzw. Lendenstück,
Mürbebraten)
Salz, Pfeffer
100 g fetter Speck
100 g luftgetrockneter Schinkenspeck
150 g Schalotten
2 EL Weinbrand
20 g Kartoffelmehl

für den Rotkohl

1 kg Rotkohl
50 g Schweineschmalz
1 TL Salz
75 g Zucker
75 ml Essig
1 Zwiebel
1 Lorbeerblatt
2 Gewürznelken
1 säuerlicher Apfel
1 EL Speisestärke

Schweinebraten mit Rotkohl und Kartoffelklößen

Rezeptfoto Seite 32

Schweinebraten

❧ Das Schweinefleisch waschen und trockentupfen. In 4 etwa 5 x 7 cm große Stücke schneiden und salzen sowie pfeffern. Den fetten Speck und den Schinkenspeck in kleine Würfel schneiden, in einen Bratentopf geben und erhitzen. Wenn der Speck ausgelassen ist, das Schweinefleisch zugeben und von allen Seiten bräunen.

❧ Schalotten abziehen, fein würfeln, zum Speckfett geben und mit anbräunen. Mit Weinbrand ablöschen, das Fleisch im Sud wenden und anschließend 200 ml Wasser angießen. Zugedeckt 40 Minuten garen. Während der Garzeit das Fleisch mehrmals wenden und bei Bedarf noch 100 ml Wasser zugießen. Wenn das Fleisch gar ist, herausnehmen und warm stellen.

❧ Den Topf mit dem Bratenfond vom Herd nehmen. Das Kartoffelmehl mit etwas kaltem Wasser verrühren und anschließend in die Soße einrühren. Einmal kurz aufkochen und mit Salz und Pfeffer abschmecken.

Rotkohl

❧ Den Rotkohl waschen, putzen und in dünne Streifen schneiden. Das Schweineschmalz in einem hohen Topf erhitzen und den Rotkohl darin andünsten. 75 ml Wasser, Salz, Zucker und Essig dazugeben und alles zum Kochen bringen. Zwiebel abziehen, mit Lorbeerblatt und Gewürznelken spicken und zum Rotkohl geben. 30 Minuten bei mittlerer Hitze garen.

Den Apfel waschen, schälen, entkernen und in kleine Würfel schneiden. In den letzten 10 Minuten zum Rotkohl geben. Wenn der Rotkohl gar ist, nochmals mit Salz und Zucker abschmecken. Speisestärke erst mit 2 Esslöffel kaltem Wasser und dann mit dem Rotkohl verrühren und noch einmal aufkochen lassen.

Kartoffelklöße

für die Kartoffelklöße
1 kg Kartoffeln
2 EL Weizenmehl
1 EL Butter
1 Scheibe Weißbrot
Salz

- Kartoffeln waschen und schälen. 700 Gramm Kartoffeln in eine Schüssel mit wenig kaltem Wasser reiben. Die restlichen Kartoffeln in Würfel schneiden, in einen Topf geben und mit wenig Wasser 20 Minuten bei schwacher Hitze garen.

- Das überschüssige Wasser von den gekochten Kartoffeln abgießen, die gekochten zu den rohen Kartoffeln in die Schüssel geben und alles schnell mit bemehlten Händen verkneten.

- Die Butter in einer Pfanne erhitzen, das Weißbrot von beiden Seiten darin goldbraun anbraten und anschließend in Würfel schneiden. Den Kartoffelteig salzen und mit bemehlten Händen zu Klößen formen. Bei jedem Kloß in die Mitte ein Stück Weißbrot drücken. 1 l Wasser mit 1 Teelöffel Salz erhitzen und die Klöße darin 20 Minuten ziehen lassen, sie dürfen nicht kochen. Mit dem Schaumlöffel herausheben und zum Schweinebraten mit Soße und Rotkohl servieren.

Tipp

Die 300 Gramm Kartoffeln können durchaus auch schon am Vortag gekocht werden, d.h., Sie können problemlos vom Vortag übrig gebliebene Kartoffeln verwenden.

Wenn wir sonntags mit dem Fahrrad zu Oma fuhren, roch es in den Straßen bei dem einen nach Zwiebeln, bei dem anderen nach Rotkohl, oder man roch frisch gebratenes Fleisch. Wenn wir dann bei Oma ankamen, hatten wir einen richtigen Heißhunger und waren froh, wenn es bei Oma auch Schweinebraten mit Rotkohl gab – und keine Zwiebelsuppe.

für 4 Personen

Zutaten
für den Mehlkloß
500 g Weizenmehl
40 g Hefe
2 TL + 100 g Zucker
150 ml lauwarme Milch
2 Eier
1 TL Salz
50 g zerlassene Butter

für die heißen Birnen
1 kg Kochbirnen
1 Päckchen Vanillepuddingpulver
1 EL + 150 g Zucker

außerdem
1 Leinentuch

Mehlkloß mit heißen Birnen

Mehlkloß

~ Das Mehl in eine Schüssel sieben und in die Mitte eine Mulde drücken. Die Hefe hineinbröckeln, mit 2 Teelöffel Zucker bestreuen und mit 2 Esslöffel lauwarmer Milch verrühren. Etwa 10 Minuten gehen lassen.

~ Eier verquirlen und mit Salz, 100 Gramm Zucker, der restlichen Milch sowie der zerlassenen Butter auf den Mehlrand geben. Alles schnell zu einem glatten Teig verkneten. Nochmals 20 bis 30 Minuten gehen lassen.

~ 2 l Wasser in einen großen Topf füllen. Einen Zipfel des Leinentuchs an einem Henkel des Topfs festknüpfen. Den diagonal gegenüberliegenden Zipfel des Tuchs am anderen Topfhenkel festknüpfen. Den Mehlkloß auf das Tuch legen, den Topf mit dem Deckel verschließen und das Wasser zum Kochen bringen. Nur so viel Wasser einfüllen, dass der Kloß nicht im Wasser hängt; er soll nur im Dampf bei mittlerer Hitze etwa 1 Stunde garen. Den Kloß herausnehmen und im Backofen warm stellen. Vor dem Servieren in 4 Stücke schneiden.

Heiße Birnen

~ Die Birnen waschen, schälen, vierteln und vom Kerngehäuse befreien. Mit 1 l Wasser in einen Topf geben und zum Kochen bringen. Bei mittlerer Hitze etwa 20 Minuten garen.

~ Vanillepuddingpulver mit 1 Esslöffel Zucker und 3 Esslöffel kaltem Wasser anrühren, mit 150 Gramm Zucker zu den Birnen geben, alles noch einmal aufkochen lassen und anschließend in eine große Schüssel füllen.

Tipp

Statt des Leinentuchs können Sie auch eine feuerfeste Puddingform verwenden. Je nach Geschmack können Sie die heißen Birnen mit Nelken und Zimt würzen.

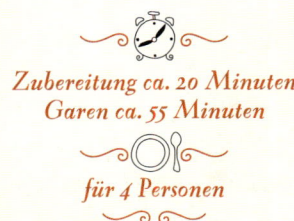

Omas Hähnchentopf

Zutaten

2 Hähnchen à 800 g
Salz, Pfeffer
2 TL Majoran
2 zerdrückte Knoblauchzehen
1 kleiner Zweig Thymian
4 Lorbeerblätter
50 ml Öl
100 g durchwachsener Speck
750 g Kartoffeln
4 Zwiebeln
200 ml Fleischbrühe

〜 Die Hähnchen innen und außen unter fließendem Wasser abspülen. Mit Küchenpapier trockentupfen und innen und außen mit Salz, Pfeffer, Majoran und den zerdrückten Knoblauchzehen einreiben. Thymian waschen und trockenschütteln und mit den Lorbeerblättern in die Hähnchen geben.

〜 Das Öl in einem großen backofenfesten Topf erhitzen und die Hähnchen darin rundherum anbraten. Den Speck würfeln und nach etwa 5 Minuten zu den Hähnchen geben. Kartoffeln waschen, schälen und in 3 x 3 cm große Stücke schneiden, leicht salzen und um die Hähnchen verteilen.

〜 Zwiebeln abziehen, zerkleinern und über die Kartoffeln streuen. Ab und zu umrühren, dann die Fleischbrühe angießen und alles zugedeckt im Backofen bei 150 °C 40 Minuten garen. Anschließend weitere 10 Minuten ohne Deckel bräunen. Die Hähnchen herausnehmen, Lorbeerblätter und Thymianzweig entfernen.

〜 Alles zusammen auf einer großen Platte oder in einer großen irdenen Schüssel anrichten.

Eines Tages erklang ein lautes Geschrei vom Hühnerhof und zog Oma und mich nach draußen. Wir trauten unseren Augen nicht, denn ein Habicht hatte sich auf ein Huhn gesetzt. Oma griff nach einem Besen und verscheuchte den Räuber, der torkelnd ohne Huhn das Weite suchte.

Zutaten

500 g Weizenmehl
25 g Hefe
1 TL Zucker
¼ l lauwarme Milch
4 EL Butter
1 Ei
1 TL Salz
1 1/2 l Wasser
800 g Zuckerschoten
3 EL feine Schnittlauchröllchen
1 Prise Muskatnuss,
frisch gerieben

Zuckerschoten mit Hefeklößen

❧ Das Mehl in eine Schüssel sieben, in die Mitte eine Mulde drücken und die Hefe hineinbröckeln. Den Zucker darüberstreuen, mit 2 Esslöffel lauwarmer Milch verrühren und den Vorteig etwa 10 Minuten gehen lassen.

❧ 2 Esslöffel Butter zerlassen, das Ei verquirlen. Die restliche lauwarme Milch mit dem Ei, der Butter und dem Salz auf den Mehlrand geben. Alles rasch zu einem glatten Teig verkneten und nochmals 30 Minuten ruhen lassen.

❧ In einem großen Topf 1 l Wasser zum Kochen bringen und 1 TL Salz dazugeben.

❧ Den Hefeteig zu 8 etwa gleich großen Klößen formen. Ein großes Sieb oder einen Durchschlag aus Metall auf den Topf setzen. Die Klöße hineinlegen und mit einem Deckel verschließen. Alles etwa 40 Minuten bei mittlerer Hitze garen. Während der Garzeit darauf achten, dass noch genug Flüssigkeit im Topf ist. Bei Bedarf etwas Wasser nachfüllen.

❧ Die Zuckerschoten waschen, von Fäden befreien, in einen Topf geben, mit Wasser übergießen und zum Kochen bringen. Abgießen, etwas salzen und das restliche Wasser zugießen, erneut zum Kochen bringen und weitere 10 Minuten köcheln lassen.

❧ Nach der Garzeit die Klöße in eine Schüssel füllen. Den Zuckerschoten die restliche Butter und die Schnittlauchröllchen zufügen und mit Salz sowie Muskatnuss abschmecken.

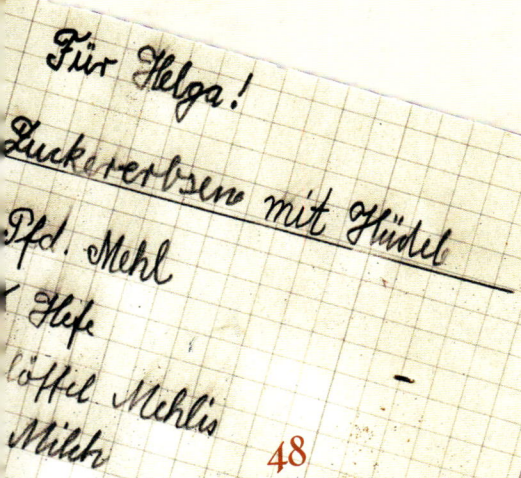

Für Helga!
Zuckererbsen mit Hüdel
Pfd. Mehl
Hefe
löffel Mehlis
Milch

Die Zuckerschoten oder Zuckererbsen wurden früher nur während der Erntezeit im Juni gegessen. Wenn sonntags Besuch kam oder wir unseren Verwandten Besuch abstatteten, hörte ich öfter die Frage: „Habt ihr schon Zuckererbsen gegessen?" Das Leben richtete sich damals nach Mutter Natur. Man konnte daran ablesen, wie der Sommer war und ob es eine gute Ernte gab.

Rezepte für den Feiertag

Besonders Feines für besondere Anlässe

Zubereitung ca. 3 Stunden
Garen ca. 2 Stunden

für 8 Personen

Zutaten
für die Brühe

1 Huhn
1 Zwiebel
1 Möhre
1 Bund Petersilie
1 Bund Thymian
Salz
3–4 Wacholderbeeren
1 Lorbeerblatt
einige Pfefferkörner

für die Knödel

2 Scheiben trockenes Weißbrot
5–6 EL lauwarme Milch
½ Zwiebel
1 TL Butter
1 kleines Ei
Muskatnuss, frisch gerieben
1 TL gehackte Petersilie
Salz, Pfeffer
500 ml Brühe

Hochzeitssuppe

Rezeptfoto Cover

Brühe

❧ Das Huhn von den Innereien befreien, unter fließendem Wasser waschen und abtropfen lassen. Zwiebel abziehen, Möhre waschen und putzen. Beides etwas zerkleinern. Petersilie und Thymian waschen und trockenschütteln. 2 l Salzwasser zum Kochen bringen und das Huhn sowie Zwiebel- und Möhrenstücke, die Hälfte der Petersilie, Thymian, Wacholder, Lorbeer und etwas Pfeffer hineingeben. Je nach Alter des Huhns 1½ bis 3 Stunden bei mittlerer Hitze garen.

❧ Anschließend das Huhn aus der Brühe nehmen, die Brühe durch ein Tuch abseihen und mit Wasser auf 3 l auffüllen. Darauf achten, dass das nachgefüllte Wasser die gleiche Temperatur wie die Brühe hat. Das Hühnerfleisch von den Knochen lösen, in kleine Würfel schneiden und warm stellen.

Knödel

❧ Die Weißbrotscheiben mit Milch beträufeln und aufweichen. Die Zwiebel abziehen, fein würfeln und in der Butter andünsten. Zwiebelwürfel mit Ei, Muskatnuss, Petersilie, Salz, Pfeffer und den eingeweichten Weißbrotscheiben zu einem festen Teig verkneten. Daraus kleine Knödel formen und diese etwa 15 Minuten in einem zweiten Topf in der Brühe garen.

Eierstich

❧ In der Zwischenzeit Ei mit Milch, Salz und Muskatnuss verquirlen und in ein gebuttertes Gefäß füllen. Im heißen Wasserbad etwa 10 Minuten stocken lassen. Stürzen und in feine Rauten schneiden, beiseitestellen.

Leberschnecken

ॐ In der Zwischenzeit Mehl, Ei, Salz und Milch zu einem dünnen Teig verrühren. In einer gebutterten Pfanne nacheinander 3 Pfannkuchen ausbacken. Die Leber abspülen und trockentupfen. Sehr fein hacken, mit Salz, Pfeffer und Salbei würzen und auf die Pfannkuchen streichen.

ॐ Die Pfannkuchen zusammenrollen und in etwa 1 cm dicke Scheiben schneiden. Die Leberschnecken von beiden Seiten in heißer Butter anbräunen und auf vorgewärmte Teller geben.

ॐ Die restlichen Petersilienblättchen aus dem Brüherezept fein hacken. Die Knödel aus der Brühe heben. Petersilie und Knödel mit dem gewürfelten Hühnerfleisch und dem Eierstich zur Brühe in den großen Topf geben, die Suppe mit Salz abschmecken. Auf die mit Leberschnecken belegten Teller verteilen und servieren.

Wenn im Dorf jemand heiraten wollte, erhielt das Brautpaar einen Bogen aus Tannengrün und Blumen, der am Abend vorher an der Haustür aufgehängt wurde. Eine Frau aus der Nachbarschaft kochte die Hochzeitssuppe. Sie war reich an Zutaten und wurde in mehreren Töpfen gekocht, denn manchmal aßen bis zu 30 Personen mit. Das Brautpaar war zuvor auf dem Standesamt getraut worden. Nach dem Essen fuhren die Brautleute mit der bunt geschmückten Kutsche zur Kirche, um sich auch vom Pfarrer den Segen zu holen.

für den Eierstich
1 Ei
½ Tasse Milch
Salz
Muskatnuss, frisch gerieben
Butter für die Form

für die Leberschnecken
50 g Weizenmehl
1 Ei
Salz
etwa 100 ml Milch
Butter zum Ausbacken
und Braten
100 g Hühnerleber
Pfeffer
getrockneter Salbei

Zutaten
für die Pflaumensuppe

200 g getrocknete Pflaumen
50 g Rosinen
200 g Zucker
2 Zimtstangen
60 g Sago (Verdickungsmittel aus Stärke)

für die Klöße

4 Stück Zwieback
1 TL Backpulver
1 EL Weizenmehl
3 Eier

Pflaumensuppe

Suppe

2½ l Wasser in einem großen Topf zum Kochen bringen. Pflaumen und Rosinen waschen und mit Zucker und Zimt zum Wasser geben. Alles etwa 40 Minuten bei mittlerer Hitze kochen. Anschließend den Sago einrühren, kurz aufkochen und auf dem ausgeschalteten Herd quellen lassen. Die Zimtstangen entfernen.

Klöße

Zwieback fein zerbröseln und mit Backpulver sowie Mehl mischen. Die Eier verquirlen und unter die Zwiebackmischung rühren. 30 Minuten ruhen lassen. Anschließend mit einem Kaffeelöffel Klöße abstechen und diese kurz nach dem Sago in die Suppe geben. Die Suppe darf dann nur noch sieden, nicht mehr kochen.

Tipp

Wer die Suppe zum ersten Mal kocht, sollte die Klöße in einem separaten Topf garen. Sollten die Klöße auseinanderfallen, 1 Eiweiß steif schlagen und dieses als Klößchen auf die Suppe setzen.

Eine Suppe von getrockneten Pflaumen kochte Oma sowohl als Hauptgericht als auch als Vorspeise, wenn sich reichlich Besuch angemeldet hatte. Sie erzählte mir einmal beim Kochen ganz stolz, dass sie ihren Bruder hereingelegt hatte. Er hatte nachgefragt, was da denn in der Pflaumensuppe schwimme. „Ich sah nur den dick aufgequollenen Sago, da habe ich zu ihm gesagt: 'Das sind Froscheier, die schmecken ganz gut!' Da ist er aufgestanden und hat nichts mehr gegessen. Meine Portion war umso größer!", sagte sie lachend und ließ den Sago in die Suppe gleiten.

Zubereitung ca. 40 Minuten
Garen (1 Scholle) ca. 6 Minuten
Kartoffelsalat 20 Minuten

für 4 Personen

Zutaten
für den Kartoffelsalat

1 kg Kartoffeln
Salz
1/8 l Gemüsebrühe
4 Eier: 2 weich gekochte und
2 hart gekochte
1 Zwiebel
1 saure Gurke
3 EL Essig
1 Prise Zucker
1 Prise gemahlener Piment
1 EL fein gehackte Petersilie

für die Maischolle

8 küchenfertige Schollen
Salz
100 g Weizenmehl
150 g Butter
Saft von 1 Zitrone; ersatzweise 1 EL
Essig

Maischolle
mit Kartoffelsalat

Rezeptfoto Seite 50

Kartoffelsalat

❧ Die Kartoffeln mit 200 ml Wasser in einen Topf geben und zum Kochen bringen. 1 Teelöffel Salz zugeben und zugedeckt 20 Minuten bei schwacher Hitze garen. Abgießen, kalt abschrecken und pellen.

❧ Anschließend in Scheiben schneiden, mit der Gemüsebrühe übergießen und erkalten lassen.

❧ Die weich gekochten Eier pellen und in kleine Stücke schneiden, die hart gekochten Eier pellen und in Scheiben schneiden. Zwiebel abziehen und fein würfeln. Gurke ebenfalls fein würfeln. Essig, etwas Salz, Zucker, Piment und Eierstückchen zu einer Salatsoße verrühren.

❧ Diese mit den Zwiebel- und Gurkenwürfeln sowie den Eierscheiben zu den Kartoffeln geben und unterheben. Zum Schluss mit der Petersilie bestreuen.

Maischolle

❧ Die Schollen unter fließendem Wasser waschen und gut mit Küchenpapier abtrocknen. Von allen Seiten mit Salz einreiben und in Mehl wälzen.

❧ Die Butter in einer Pfanne erhitzen und die Schollen darin von beiden Seiten goldbraun braten. Mit einigen Tropfen Zitronensaft oder Essig beträufeln und zum Kartoffelsalat reichen.

Tipp

Auch Bratkartoffeln (Rezept siehe S. 77) schmecken zur Scholle hervorragend.

Am Vorabend des 1. Mai wurden überall in den Dörfern der Umgebung Maibäume aufgestellt – zehn Meter hohe Baumstämme, die oben mit einem schmucken Kranz mit bunten Bändern und einer gerade in Blätter geschossenen Birke geschmückt waren. Die Männer banden den Kranz, die Frauen und Mädchen verknoteten die langen bunten Bänder. Dabei wurde lustig gesungen, meist hatte jemand ein Schifferklavier mitgebracht. Meine Eltern und ich fuhren am 1. Mai zu Oma. Auf der Fahrt dorthin gab es viele Maibäume zu sehen. Auch in Omas Nähe stand einer. Und so wie der Maibaum eine gute alte Tradition war, so war es auch die Maischolle, die es bei Oma immer zu Mittag gab. Ihr Kartoffelsalat war übrigens immer der Renner. Ich habe das Rezept übernommen und konnte schon viele Gäste damit erfreuen.

Gebratener Aal

Zubereitung 1 Stunde
Garen pro Pfanne 10 Minuten
Marinieren über Nacht

für 4 Personen

Zutaten

1 kg fangfrischer Aal
Salz
100 g Weizenmehl
100 g Butter

❧ Der fangfrische Aal wird am Tag vor dem Braten geschlachtet. Um ihn zu häuten, hängt man ihn am Kopf auf. Dann wird die Haut unterhalb des Kopfes ringsherum durchgeschnitten. Man löst die Haut an den Schnitträndern, nimmt ein Tuch und fasst die Haut damit an. Nun zieht man die Haut langsam nach unten. Dazu braucht man etwas Geschick.

❧ Mit einem Längsschnitt auf der Bauchseite wird der Aal ausgenommen. Anschließend den Aal unter fließendem Wasser waschen, mit Küchenpapier trocknen und mit Salz einreiben. Über Nacht im Salz an einem kühlen Ort ziehen lassen.

❧ Am nächsten Tag den Aal in 4 etwa 6 bis 8 cm lange Stücke schneiden und diese in Mehl wälzen. Etwas Butter in einer Pfanne erhitzen und die Aalstücke darin auf allen Seiten braun anbraten. Dazu nach Belieben Schwarzbrot und einen grünen Salat reichen.

Gerne wollte mein Onkel mich nicht zum Angeln mitnehmen, denn ich war ihm zu unruhig. „Wer einen Aal fangen will, braucht Zeit, Geduld und Ruhe", sagte er zu mir, als ich mal wieder zu viel quasselte. Wenn wir dann doch mehrere Aale gefangen hatten, lud Oma ihre ganze Familie ein, und es wurde ein großes Fest daraus gemacht. Obwohl mein Onkel die Aale gefangen hatte, hieß es dann immer: „Aal essen bei Oma!"

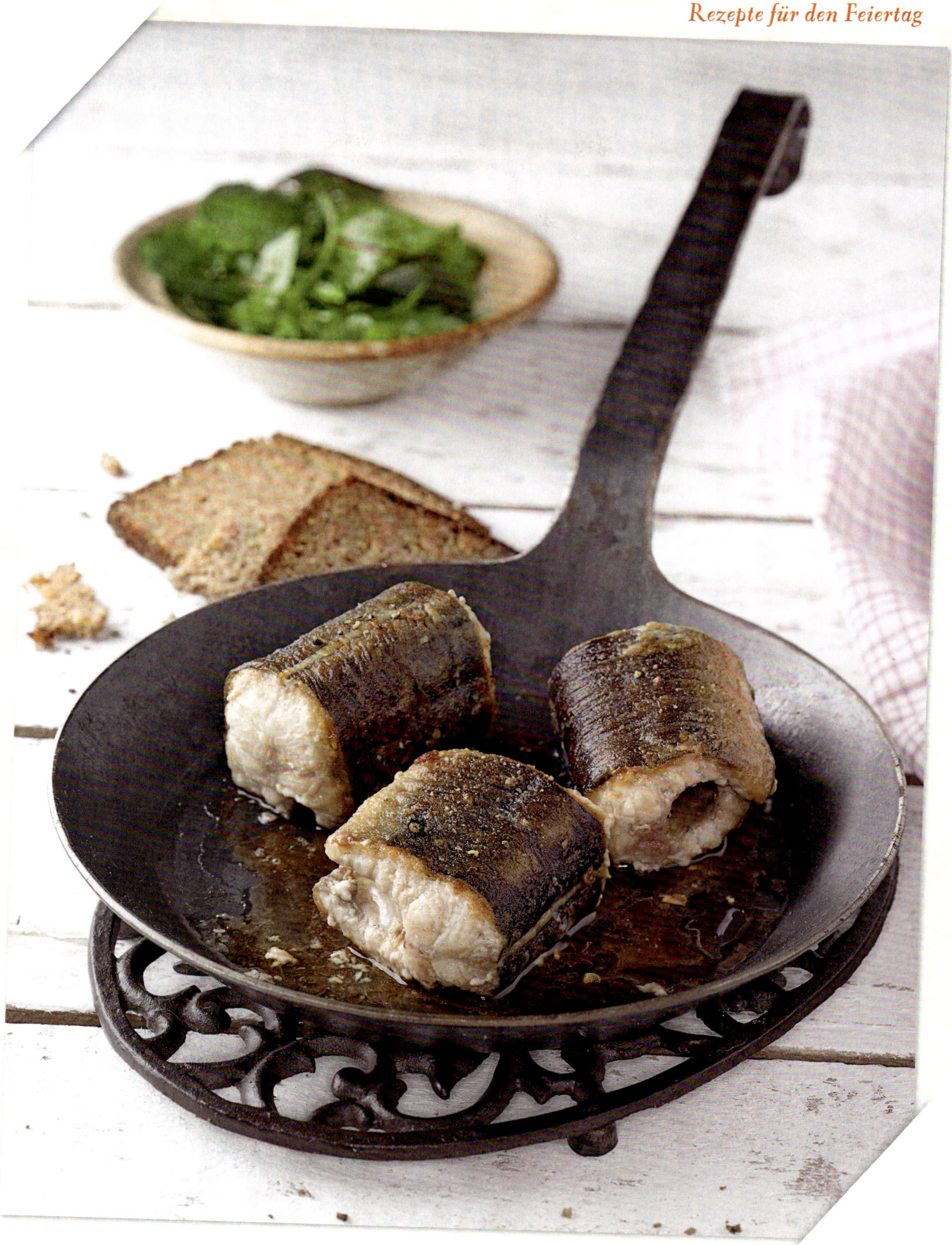

Kohlpudding

Zubereitung 20 Minuten
Garen ca. 1 Stunde

für 4 Personen

Zutaten

500 g Weißkohl
Salz
Butter für die Form
600 g Hackfleisch
weißer Pfeffer
2 Zwiebeln
5 hart gekochte Eier
5 gekochte Kartoffeln vom Vortag
2 EL gehackte Petersilie
Paprikapulver
Kümmel

Den Weißkohl putzen und in reichlich Salzwasser 5 Minuten kochen. In ein Sieb geben und abtropfen lassen. 5 bis 6 einzelne Blätter abnehmen und eine gut mit Butter eingefettete Puddingform damit auslegen. Ein großes Blatt als Deckel aufbewahren. Den restlichen Kohl in Streifen schneiden.

Hackfleisch mit Salz und Pfeffer würzen. Zwiebeln abziehen, fein hacken und unter das Hackfleisch mischen. Die hart gekochten Eier pellen, ebenso wie die Kartoffeln hacken und beides mit der Petersilie sowie dem Paprikapulver und dem Kümmel mischen. Abwechselnd Hackfleisch, Kohlstreifen sowie Eier-Kartoffel-Mischung in die Puddingform einschichten und mit dem großen Kohlblatt bedecken. Den Kohlpudding etwa 1 Stunde bei 200 °C im Backofen garen. Nach dem Garen 10 Minuten ruhen lassen, dann stürzen und in 4 Portionen teilen.

Wenn wir ein Schwein schlachteten, kam Oma und half meiner Mutter in der Küche. Es wurde Fleisch durch den Fleischwolf gedreht oder angebraten und eingekocht, Grütz- und Rotwurst gemacht und vieles zur Lagerung auch eingesalzen. Hackfleisch hatten wir also auch nicht jeden Tag. Wenn das Fleisch durch den Fleischwolf gedreht wurde, um Mettenden herzustellen, nahm Oma immer etwas für den Mittag zur Seite. Mit flinken Händen machte sie so ganz nebenbei einen Kohlpudding.

Kohlpudding

500g Weißkohl
1 Teel. Salz
2 l Wasser
2 Eßl. Butter
600g Hackfleisch
1 Teel. Salz
Pfeffer, Paprika, Kümmel
2 Zwiebeln

Zubereitung ca. 1 Stunde
Garen ca. 2½–3 Stunden

für 8 Personen

Zutaten

1 küchenfertige Gans, ca. 5 kg
Salz, Pfeffer
je 1 Stängel Beifuß und Majoran
200 g Backpflaumen ohne Stein
400 g säuerliche Äpfel
1 Zwiebel
4 Scheiben trockenes Weißbrot
3 Eier
2 EL Zucker
1 Prise Anis
3 EL Schweineschmalz
4 Scheiben fetter Speck
2 EL Honig

außerdem

Küchengarn

Gänsebraten mit Backpflaumen und Äpfeln

❧ Die Gans unter fließendem Wasser waschen, eventuelle Federkielreste entfernen. Die Gans innen und außen mit Küchenpapier trockenreiben und mit Salz und Pfeffer kräftig würzen.

❧ Beifuß und Majoran waschen, trockenschütteln und fein schneiden. Backpflaumen in eine Schüssel geben. Äpfel schälen, vierteln, vom Kerngehäuse befreien, in Würfel schneiden und zu den Backpflaumen geben. Zwiebel abziehen, würfeln und ebenfalls dazugeben. Die Weißbrotscheiben würfeln und mit den Eiern in einer zweiten Schüssel aufweichen. Mit Zucker und Anis verrühren, anschließend Backpflaumen, Äpfel und Zwiebelwürfel sowie Beifuß und Majoran unterheben. Diese Masse in die Gans füllen, die Gans mit Küchengarn zunähen. Die Beinenden mit Küchengarn aneinanderbinden.

❧ Das Schweineschmalz in einer großen Pfanne erhitzen und die Gans von allen Seiten darin anbraten. Anschließend mit der Brustseite nach oben auf ein Rost legen, eine Fettpfanne darunterstellen und die Gans bei 200 °C 2 bis 2½ Stunden im Backofen garen. Während der Garzeit die Gans immer wieder mit ausgetretenem Fett oder etwas Wasser begießen. Nach 1 Stunde Garzeit die Brust der Gans mit Speckscheiben abdecken.

❧ Honig mit 1 Prise Salz in einigen Esslöffeln heißem Wasser auflösen und die Gans kurz vor Ende der Garzeit damit einpinseln. Wenn die Gans schön braun und kross aussieht, ist sie fertig. Aus dem Backofen nehmen, das Küchengarn entfernen und die Gans tranchieren. Nach Belieben Rotkohl und Kartoffelklöße (Rezept siehe S. 42f.) dazu reichen.

Zubereitung ca. 30 Minuten
Garen ca. 1 Stunde
Ruhen 24 Stunden

für 4 Personen

Zutaten

1 l Buttermilch
1 küchenfertiges
Kaninchen, ca. 1,5 kg
1 Zweig Thymian
4 Wacholderbeeren
1 Zwiebel
Salz, Pfeffer
2 EL Schweineschmalz
3 Schalotten
1 Prise Zucker
1 kleiner Apfel
50 ml Weißwein oder Apfelsaft
1 TL Kartoffelmehl

Kaninchenbraten

◌ Die Buttermilch in eine Porzellanschüssel geben. Das Kaninchen in 4 Stücke zerteilen, die Stücke unter fließendem Wasser waschen, mit Küchenpapier trockentupfen und in die Buttermilch legen. Das Fleisch sollte ganz mit Buttermilch bedeckt sein, ansonsten noch mit etwas Wasser auffüllen. Thymian waschen, trockenschütteln und mit den Wacholderbeeren zum Fleisch geben. Zwiebel abziehen, in Scheiben schneiden und ebenfalls zugeben. 24 Stunden ruhen lassen.

◌ Die Kaninchenteile aus der Beize nehmen, unter fließendem Wasser abspülen, mit Küchenpapier abtrocknen und mit Salz und Pfeffer einreiben. Das Schweineschmalz in einem Bratentopf erhitzen und die Kaninchenteile von allen Seiten darin bräunen. Schalotten abziehen, würfeln und mit dem Zucker zum Fleisch geben. Den Apfel waschen, schälen, vom Kerngehäuse befreien, in Würfel schneiden und ebenfalls zugeben. Das Fleisch und die anderen Zutaten immer wieder wenden, damit sie nicht anbrennen. Mit Wein oder Saft ablöschen und alles zugedeckt 50 Minuten garen. Dabei das Fleisch ab und zu wenden und falls nötig etwas Wasser zugießen. Nach der Garzeit die Kaninchenteile herausnehmen und warm stellen.

◌ Das Kartoffelmehl mit 3 Esslöffel kaltem Wasser anrühren. Den Bratenfond durch ein Sieb gießen, dabei die Flüssigkeit auffangen und diese wieder in den Topf geben. Das Kartoffelmehl einrühren, einmal aufkochen und die Soße zum Kaninchen servieren. Dazu passen Rosenkohl und Salzkartoffeln (Rezepte siehe S. 38f.).

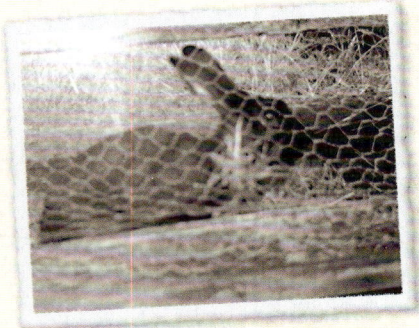

Eines Sonntags gab es Kaninchenbraten. Meine Mutter behauptete, dass das geschlachtete Tier nicht meins gewesen sei. Als Oma kam, tröstete sie mich. „Das kann nicht deins sein, das hat ja ganz helles Fleisch, du hattest doch ein schwarzes. Schwarze Kaninchen haben dunkles Fleisch." Ich war so froh und habe sogar von dem Braten gegessen. Heute bin ich mir nicht mehr so sicher, ob Oma recht hatte.

Zubereitung 30 Minuten
Garen 2–2½ Stunden
Ruhen 2 Tage

für 8 Personen

Zutaten

2 kg Wildschweinkeule
1 l Buttermilch
5 Wacholderbeeren
5 schwarze Pfefferkörner
1 Lorbeerblatt
4 Gewürznelken
1 Zwiebel
Salz, Pfeffer
getrockneter Thymian
2 EL Schweineschmalz
200 ml Fleischbrühe
100 ml Rotwein
100 g Sahne
1 TL Stärkemehl
4 EL Johannisbeergelee

Wildschweinkeule mit Johannisbeersoße

◦ Das Fleisch unter fließendem Wasser waschen, trockentupfen und in ein Porzellangefäß legen. Mit Buttermilch übergießen und mit Wacholderbeeren, Pfefferkörnern, Lorbeerblatt und Gewürznelken würzen. Die Zwiebel abziehen, in Scheiben schneiden und zu den anderen Zutaten geben. Das Gefäß abdecken und 2 Tage an einem kühlen Ort stehen lassen.

◦ Das Fleisch aus der Beize nehmen, bei Bedarf häuten und mit Salz, Pfeffer und Thymian einreiben. Mit Schweineschmalz bestreichen und in einem offenen Bräter etwa 2 bis 2½ Stunden bei 200 °C im Backofen garen. Abwechselnd ab und zu mit einigen Esslöffeln Fleischbrühe oder Rotwein übergießen. Nach Ende der Garzeit den Braten aus dem Bratensaft nehmen und warm stellen.

◦ 200 ml des Bratensafts abmessen und mit der restlichen Fleischbrühe sowie dem restlichen Rotwein in einen Topf geben. Die Sahne hinzufügen und aufkochen. Darauf achten, dass die Sahne die gleiche Temperatur wie der Bratensaft hat: Dafür zunächst einige Esslöffel Bratensaft in die Sahne geben und diese erst dann zum restlichen Bratensaft gießen. Andernfalls gerinnt die Sahne. Stärkemehl mit etwas Rotwein anrühren und die Soße damit binden. Zum Schluss 3 Esslöffel Johannisbeergelee einrühren.

◦ Den Braten in Scheiben schneiden, auf eine Platte legen, etwas Soße darüber verteilen und mit dem restlichen Johannisbeergelee garnieren. Die restliche Soße dazu reichen und das Ganze nach Belieben mit Rotkohl und Kartoffelklößen (Rezepte siehe S. 42f.) servieren.

66

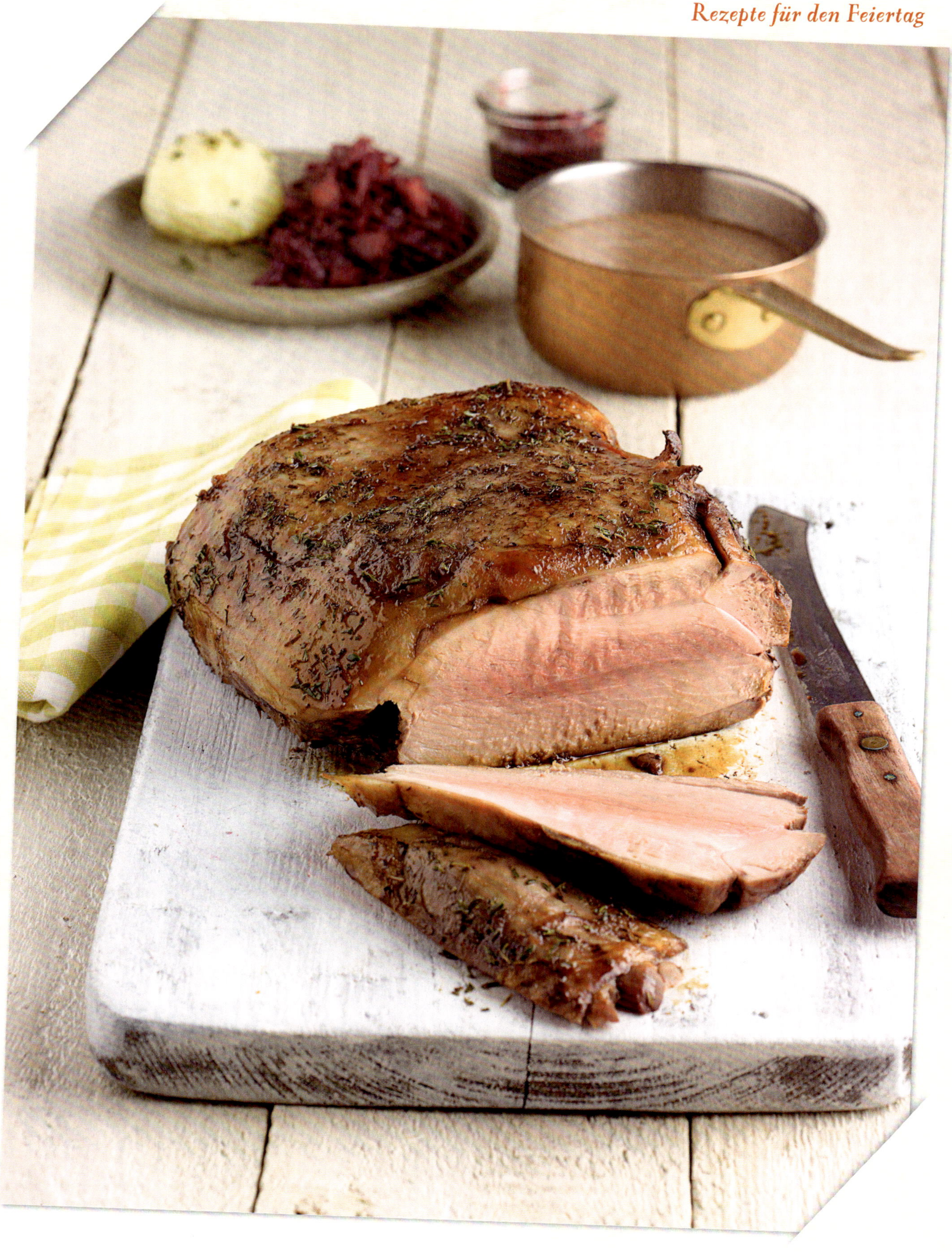

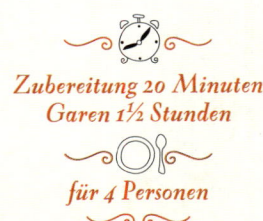

Zubereitung 20 Minuten
Garen 1½ Stunden

für 4 Personen

Pökelfleisch (Salzfleisch)

Zutaten

1,2 kg gepökelte Rinderbrust
1 Zwiebel
1 Lorbeerblatt
3 Gewürznelken
1 TL schwarze Pfefferkörner

᪥ 1 l Wasser in einem hohen Topf zum Kochen bringen. Das Fleisch unter fließendem Wasser waschen und in das kochende Wasser geben.

᪥ Die Zwiebel abziehen und mit dem Lorbeerblatt sowie den Gewürznelken spicken. Die gespickte Zwiebel mit den Pfefferkörnern zum Fleisch geben und alles bei schwacher Hitze 1½ Stunden ziehen, nicht kochen lassen.

᪥ Das Fleisch herausnehmen und vor dem Aufschneiden einige Minuten ruhen lassen. Anschließend in etwa 1 cm dicke Scheiben schneiden und auf einer vorgewärmten Platte servieren.

Tipp

Dazu passt entweder eine Rosinen- oder eine Meerrettichsoße.
Für die Rosinensoße 100 Gramm Rosinen waschen und mit 100 ml Rotwein in einen Topf geben. Einmal aufkochen und dann abkühlen lassen. 50 Gramm Butter in einem Topf erhitzen, 50 Gramm Weizenmehl einrühren und mit 750 ml Pökelfleischbrühe ablöschen. Mit je 1 Prise Nelkenpulver, Muskatnuss, Salz und Zucker würzen und zum Schluss den Rotwein mit den Rosinen zugeben.
Für die Meerrettichsoße 125 Gramm Sahne halbsteif schlagen und 1 Esslöffel geriebenen Meerrettich sowie 1 Prise Salz unterheben.

Pökelfleisch war in der Gegend, in der ich aufgewachsen bin, ein typisches Silvesteressen. Es wird auch Salzfleisch genannt und ist meist in Salz eingelegtes Rindfleisch. Die Fleischportionen waren reichlich, anschließend hatte man tüchtig Durst. So „schwamm" man ins neue Jahr.

69

Matjes in Soße

8–10 Matjesfilet,
5 reife Äpfel
5 Zwiebeln
Gewürzgurken
200 g Joghurt
... nach Geschmack

Rezepte für
den Abend

*Leckere Hausmannskost für
den Abendbrottisch*

Zubereitung ca. 15 Minuten
Garen ca. 20 Minuten
Wässern 2 Stunden

für 4 Personen

Zutaten

8–10 Matjesfilets
300 g reife Äpfel
100 g Zwiebeln
2 Gewürzgurken
1 Bund Petersilie
300 g Sahne
200 g Naturjoghurt
1 EL Zucker
1 TL Senf

Matjes in Omas Sahnesoße

Rezeptfoto Seite 70

Die Matjesfilet 2 Stunden wässern. Anschließend unter fließendem Wasser waschen, trockentupfen und in 2 cm breite Streifen schneiden. Die Äpfel waschen, vierteln, vom Kerngehäuse befreien und mit der Schale raspeln. Zwiebeln abziehen und fein würfeln. Gewürzgurken ebenfalls fein würfeln. Alles in eine große Schüssel geben und vermengen.

Die Petersilie waschen, trockenschütteln und fein hacken. Die Sahne halbsteif schlagen. In einer zweiten Schüssel den Joghurt mit Zucker und Senf glatt rühren, die Sahne unterheben. Mit der Petersilie zur Matjesmischung geben und alles noch einmal vorsichtig durchmengen.

Tipp

Dazu schmeckt selbst gebackenes Schwarzbrot, das Sie jedoch schon am Tag vorher backen sollten. Geben Sie für ein 1½-Kilo-Brot je 500 Gramm Weizenschrot-, Roggenschrot- und Weizenvollkornmehl Type 1050, 80 Gramm Hefe, 1 l Buttermilch, 200 Gramm dunklen Sirup und 30 Gramm Salz in eine große Schüssel und verkneten Sie die Zutaten mit den Knethaken der Küchenmaschine zu einem glatten Teig.
20 Minuten ruhen lassen und dann nochmals gut durchkneten. Eine Brotbackform mit Backpapier auslegen, den Teig einfüllen und mit Alufolie abdecken. Nochmals gehen lassen und anschließend etwa 3 Stunden bei 130 °C im Backofen backen. Dort in der Backform erkalten lassen und erst am Tag darauf anschneiden.

Während des Zweiten Weltkriegs waren Flüchtlinge bei uns einquartiert, zwei Mädchen. Nach dem Krieg suchten sie zuerst ihre Familien, dann zogen sie mit ihnen nach Süddeutschland. Oma erzählte immer von den Mädchen, wie brav diese doch gewesen seien. „Ganz im Gegensatz zu dir!", sagte sie einmal mit einem Augenzwinkern. Als das eine Mädchen uns in den 1960er-Jahren einmal mit ihrer Familie besuchte, wollte sie unbedingt das Rezept von Omas Matjes.

Rührei mit Räucherfisch

Zutaten
400 g Räucherfisch
120 g Butter
12 Eier
Salz, Pfeffer

❧ Den Räucherfisch von Haut und Gräten befreien und grob zerkleinern. 30 Gramm Butter in einer Pfanne erhitzen und die Räucherfischstücke darin leicht anbräunen, dabei mehrmals wenden.

❧ Jeweils 3 Eier mit 1 Esslöffel Wasser, 1 Prise Salz und 1 Prise Pfeffer verquirlen, nacheinander mit der restlichen Butter in die Pfanne geben, stocken lassen und einige Male durchrühren.

❧ Aus der Pfanne auf einen Teller geben und warm stellen. Wenn alle Rühreier fertig sind, zum Räucherfisch servieren. Dazu nach Belieben Schwarzbrot (Rezept siehe S. 72) oder Bratkartoffeln reichen.

Opa ging ab und zu angeln und brachte auch hin und wieder Fische mit nach Hause. Hinter dem Schuppen hatte er einen selbst gebastelten Räucherofen stehen, den wir Kinder uns nicht näher ansehen durften. Opa wird wohl seine Gründe gehabt haben. Der im Räucherofen geräucherte Fisch wurde abends zu einem leckeren Gericht verarbeitet. Oma zerteilte den geräucherten Fisch, dabei entgrätete sie diesen auch. Das machte sie mit einer alten eisernen Gabel mit drei Zinken, die wir Fentjes Forke nannten.

Für Helga!

Rührei mit Räucherfisch

400 g Räucherfisch
120 g Butter
12 Eier u. 4 Eßl. Wasser
Salz
Pfeffer

4 mal in der Pfanne braten.

Zubereitung ca. 1 Stunde
Garen 30 Minuten
Durchziehen 2 Tage

für 4 Personen

Zutaten

12 grüne Heringe
Salz
50 g Mehl
Fett zum Braten
375 g Zwiebeln
250 ml Weinessig
2 Lorbeerblätter
50 g Zucker
1 EL Senfkörner
5 Wacholderbeeren

Gebratene und marinierte Heringe

Rezeptfoto Seite 141

Die Heringe ausnehmen, schuppen und unter fließendem Wasser säubern. Kopf und Flossen abschneiden, den Schwanz etwas stutzen. Die Heringe mit Küchenpapier trockentupfen, innen und außen salzen und anschließend in Mehl wenden. Reichlich Fett in einer Pfanne erhitzen und die Heringe darin auf beiden Seiten goldbraun braten. Maximal drei Heringe auf einmal in die Pfanne geben.

In der Zwischenzeit die Zwiebeln abziehen und in feine Ringe schneiden. Mit Essig, Lorbeer, Zucker, Senf, Wacholderbeeren und etwas Salz in einen Topf geben, erhitzen und einmal aufkochen. Die Marinade anschließend erkalten lassen.

Eine Lage der gebratenen Heringe in ein Steingutgefäß füllen, mit Marinade übergießen und wieder eine Lage Heringe einschichten. So weiter verfahren, bis alle Heringe mit Marinade bedeckt sind. Diese sollte mindestens 1 cm über den Heringen stehen. Anschließend an einem kühlen Ort mindestens zwei Tage durchziehen lassen.

Ein junger Mann aus Omas Nachbarschaft fuhr zur See. Wenn er auf Heimaturlaub war, brachte er Oma immer einen Eimer Heringe mit. Oma hatte Freude daran, diese lecker zuzubereiten, und wir bekamen auch welche ab. Ich habe das Rezept auf 12 Heringe beschränkt – genau die richtige Menge für eine kleine Party. Sie können die Heringe schon ein paar Tage vorher marinieren, denn sie halten sich im Kühlschrank in der Marinade mindestens 10 Tage.

Heringe, gebraten

12 grüne Heringe } säubern
Salz
50 g Mehl } salzen und in Mehl wenden
in Fett braten

250 ml Weinessig
2 Lorbeerblätter
50 g Zucker
Senfkörner, Wacholderbeeren
Zwiebelringe nach Geschmack
aufkochen

Bratkartoffeln

Rezeptfoto Seite 141

Zubereitung ca. 30 Minuten
Garen 35 Minuten

für 4 Personen

Zutaten

1 kg Kartoffeln
Salz
100 g fetter Speck
1 Zwiebel
Pfeffer
1 Prise Piment

✃ Kartoffeln waschen und in einen Topf geben. ¼ l Wasser und 1 Teelöffel Salz hinzufügen und alles zum Kochen bringen. Zugedeckt bei geringer Hitze in 20 Minuten gar kochen. Anschließend das noch vorhandene Wasser abgießen, die Kartoffeln kalt abschrecken und noch heiß pellen. Abkühlen lassen, halbieren und die Hälften in nicht zu dünne Scheiben schneiden.

✃ Den Speck in 2 x 2 cm große Scheiben schneiden, in eine Pfanne geben und erhitzen. Von beiden Seiten schön knusprig braun anbraten. Anschließend die Kartoffelscheiben ins heiße Fett geben und ebenfalls von allen Seiten braten.

✃ Die Zwiebel abziehen, fein würfeln und zu den Kartoffeln geben. Die Bratkartoffeln in der Pfanne immer in Bewegung halten, bis alle schön angebräunt sind. Zum Schluss mit Salz, Pfeffer und Piment würzen.

Omas Bratkartoffeln waren die besten. Sie kochte meist mittags schon etwas mehr an Salzkartoffeln, um die übrig gebliebenen dann abends zu verwenden. Bratkartoffeln wurden zu Eiern oder zu Fisch serviert. Ich weiß noch, dass erzählt wurde, dass Oma ihren Jungs sogar nachts noch Bratkartoffeln aufgetischt hat, wenn sie vom Kino oder von der Braut kamen.

Zutaten

Salz
1/8 l Essig
8 Eier
8 Scheiben Schwarzbrot
80 g Butter
2 EL Schnittlauchröllchen

Verlorene Eier

❧ 1 l Wasser mit 1 Teelöffel Salz und dem Essig in einem Topf zum Kochen bringen. Die Eier einzeln in eine Suppenkelle oder eine Tasse schlagen und vorsichtig in das Kochwasser gleiten lassen. Nach 3 Minuten ist das Eiweiß fest, das Eigelb aber noch weich. Das Ei dann mit einer Schaumkelle herausheben und warm stellen. So weiter verfahren, bis alle Eier gar sind.

❧ Die Schwarzbrotscheiben mit Butter bestreichen und jeweils 1 Ei darauflegen. Mit Schnittlauchröllchen bestreut servieren.

Als ich in den Sommerferien bei Oma war, fragte ich sie mal wieder: „Oma was kochst du heute?" Ihre ganz spontane Antwort war: „Verlorene Eier!" In meinem kleinen Kopf ratterte es damals: „Verlorene Eier? Wo können die denn sein?" Oma grinste ein wenig und sagte zu mir: „Na, alles weißt du wohl doch noch nicht? 'Verlorene Eier' heißt das Rezept!" Etwas unsicher sagte ich zu ihr: „Ach so, das kann denn ja nicht viel sein." Danach hat Oma erst einmal tüchtig über mich gelacht und mir dann gezeigt, wie Verlorene Eier zubereitet werden.

Zubereitung 10 Minuten
Garen 15 Minuten
Backen 30–40 Minuten

für 4 Personen

Zutaten
Salz
500 g Makkaroni
75 g Butter
5 Eier
1/8 l Milch
Muskatnuss, frisch gerieben

Gebackene Makkaroni

🌿 2 l Wasser mit 1 Teelöffel Salz in einem Topf zum Kochen bringen. Die Makkaroni hineingeben und 12 Minuten leicht sprudelnd kochen lassen. In ein Sieb abgießen und abtropfen lassen.

🌿 Eine längliche Auflaufform mit etwas Butter einfetten, die Makkaroni einfüllen und so verteilen, dass sie schön nebeneinander liegen. Die Eier mit der Milch und je 1 Prise Salz sowie Muskatnuss verquirlen und über die Makkaroni gießen. Zum Schluss die restliche Butter in Flöckchen auf die Makkaroni setzen.

🌿 Den Auflauf bei 200 °C 30 bis 40 Minuten im Backofen überbacken. Aus dem Ofen nehmen, 5 bis 10 Minuten abkühlen lassen und anschließend stürzen. In Scheiben schneiden und servieren. Dazu schmeckt ein grüner Salat.

Zu Omas Zeiten war das Angebot an Nudeln noch nicht so groß. Es gab Suppennudeln, Sternchen oder Muscheln und Makkaroni. Auch selbst gemachte Nudeln und Teigtaschen kamen auf den Speiseplan. Die „gebackenen Maccaroni", wie es auf Omas Rezeptnotiz steht, bereitete sie in einer Brotbackform zu.

Gebackene Maccaroni
300 g Maccaroni
75 g Margine
5 Eier
1/8 l Milch
etw. Salz

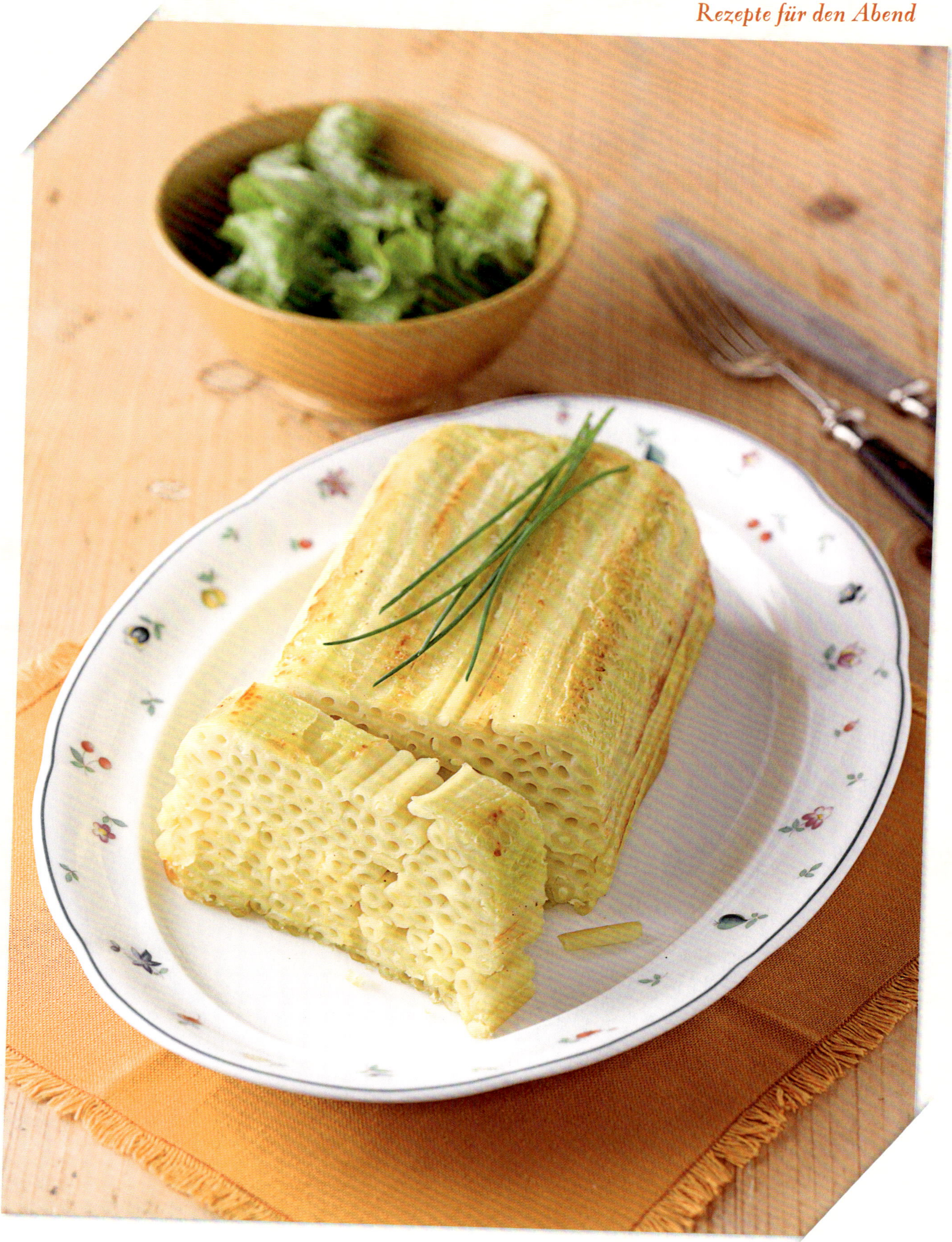

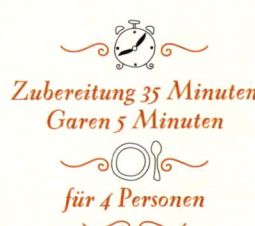

Mehlpüfferchen

Zubereitung 35 Minuten
Garen 5 Minuten

für 4 Personen

Zutaten
3 Eier
300 g Weizenmehl
1 Päckchen Backpulver
1 Prise Salz
50 g Zucker
½ l lauwarme Milch
4 EL Rosinen
Schweineschmalz zum Ausbacken
Zucker zum Bestreuen

❧ Aus Eiern, Mehl, Backpulver, Salz, Zucker und Milch einen glatten, flüssigen Teig herstellen. Die Rosinen waschen und unterheben.

❧ Etwas Schmalz in einer Pfanne erhitzen und mit einem Löffel 3 gleich große Teigfladen in die Pfanne geben. Diese von beiden Seiten goldgelb backen. Die Mehlpüfferchen gleich nach dem Backen mit Zucker bestreuen. So lange fortfahren, bis der Teig aufgebraucht ist.

Einmal tischte ich meinen Kindern Mehlpüfferchen auf. „Das Rezept hast du noch?", fragte meine Oma ganz erstaunt. „Ja, das habe ich mir damals bei dir aufgeschrieben. Das mochte ich doch so gerne. Die Kinder übrigens auch." Sie dachte eine Weile nach, dann sagte sie: „Das Rezept habe ich schon von meiner Oma. Das ist schon über 60 Jahre alt." Nun sind noch einmal 40 Jahre dazugekommen, und ich gebe das Rezept gerne an Sie weiter.

Mehlpüfferchen

3 Eier
300 g Weizenmehl
1 P. Backpulver
1 P. Salz
50 g Zucker
½ l Milch
Rosinen
Fett zum Ausbacken
- - - - -
Alles verrühren
immer 3 Stück in der Pfann...
backen.
- - - - -
mit Zucker bestreuen

Zutaten

250 g Weizenvollkornmehl
100 g Zucker
½ TL Salz
6 Eier
½ l Milch
6 mittelgroße Äpfel
Fett zum Ausbacken

Apfelpfannkuchen

❧ Weizenvollkornmehl, Zucker, Salz, Eier und Milch zu einem glatten Teig verrühren. Den Teig 30 Minuten lang ruhen lassen.

❧ In der Zwischenzeit die Äpfel waschen, schälen, vierteln, vom Kerngehäuse befreien und in dünne Scheiben schneiden.

❧ Etwas Fett in einer nicht zu großen Pfanne erhitzen, mit einer Kelle etwas Teig hineingeben und diesen mit Apfelscheiben belegen. Den Apfelpfannkuchen einmal wenden und von beiden Seiten goldbraun backen. Den Vorgang so lange wiederholen, bis der Teig aufgebraucht ist.

Tipp

Als Fett zum Ausbacken und Braten wurde früher vornehmlich Rindertalg oder Schweineschmalz genommen. Heute hat man eine große Auswahl an verschiedenen Speisefetten, beispielsweise Kokosfett oder Pflanzenöl.

Ich mochte so gerne die flachen süßen Äpfel, die meine Schulfreundin mir nach den Sommerferien ab und zu mitbrachte. Man konnte die Äpfel nicht im Vorrat halten, denn sie verdarben sehr schnell. Also mussten sie gegessen werden. In einem Sommer, der sehr heiß war, wuchsen sehr viele Äpfel am Baum meiner Freundin. Sie wurden quasi notreif und fielen herunter. Da ihr Vater Imker war, schwebte die ganze Bienenschar rund um den Baum. Alle Nachbarn holte sich Äpfel, um den Bienenschwarm zu beruhigen. Als ich auch mit einem Eimer voll zu Hause ankam, schimpfte meine Mutter mich aus, denn sie hatte keine Zeit, Äpfel zu verarbeiten. Als sie wieder auf dem Feld war, kam Oma. Schnell half sie mir, die Äpfel zu schälen und dann weckte sie sie wie Birnen ein. Das war im Winter vielleicht lecker!

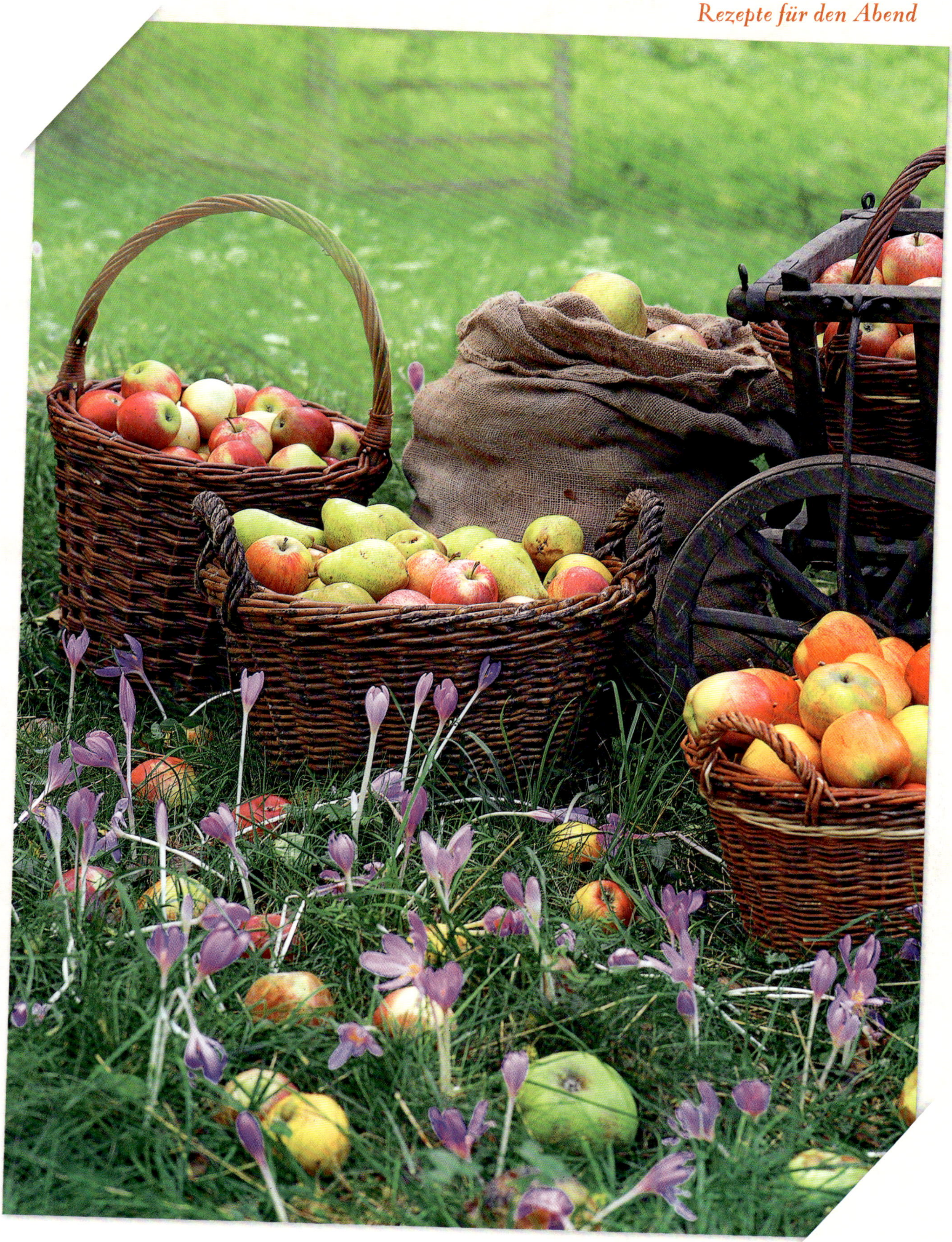

Zubereitung 10 Minuten
Garen und Quellen 40 Minuten

für 4 Personen

Zutaten

1 l Milch
1 EL Butter
1 Prise Salz
175 g Rundkornreis
50 g Rosinen
50 g Zucker
gemahlener Zimt

Milchreis mit Rosinen

Die Milch mit Butter, Salz und Rundkornreis in einen Topf geben und aufkochen. Den Herd ausschalten und den Milchreis 30 Minuten quellen lassen. Falls die Kochplatte zu sehr abkühlt, kurz wieder anschalten. In der Zwischenzeit die Rosinen mit 50 ml Wasser in einem zweiten Topf einmal aufkochen und anschließend abgießen. Mit dem Zucker unter den Milchreis rühren und diesen mit Zimt abschmecken.

Zubereitung ca. 10 Minuten
Garen und Quellen ca. 25 Minuten

für 4 Personen

Zutaten

50 g Roggenvollkornmehl
50 g brauner Sirup
1 TL Salz
etwas Butter
200 g Sahne

Roggenmehlbrei mit Sahne

Roggenvollkornmehl mit 1 l kaltem Wasser verrühren, in einen Topf geben und zum Kochen bringen. Den Sirup unterrühren, den Herd ausschalten und den Roggenmehlbrei etwa 20 Minuten quellen lassen. Mit Salz würzen.

Den Brei auf tiefe Teller verteilen und in die Mitte ein Stückchen Butter geben. Die flüsige Sahne vorsichtig so auf den Brei geben, dass ein hübsches Muster entsteht.

Tipp

Den Roggenmehlbrei können Sie statt mit Wasser auch mit Buttermilch zubereiten.

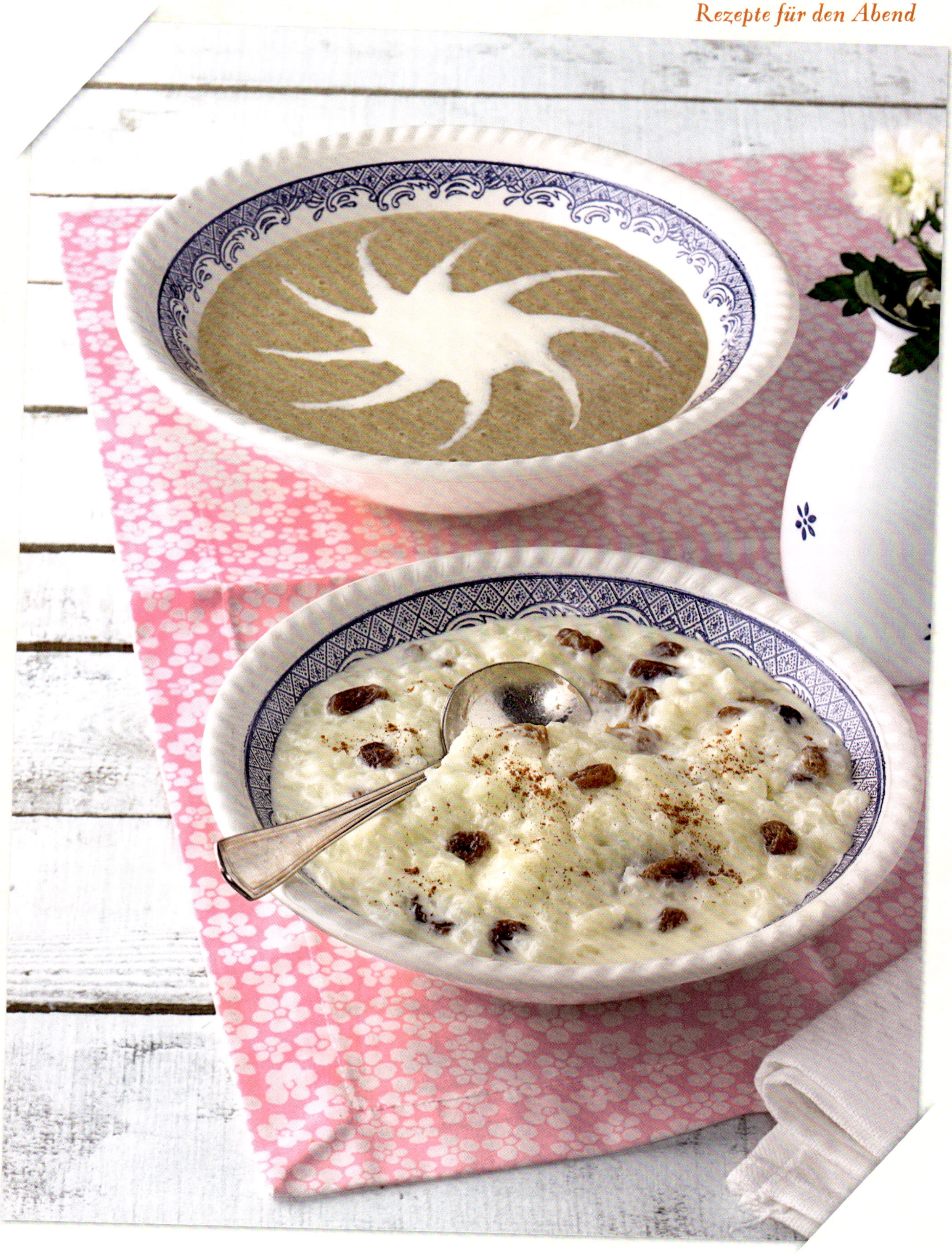

Verbotene Früchte, Pfannkuchentest und Eierwährung

Wenn ich in den Ferien bei Oma war, beauftragte sie meine Tante und mich, Beeren und Früchte zu pflücken. Mit dem Fahrrad fuhren wir einige Kilometer weit zu einer fast unberührten Moorfläche. Diese Fläche war von Schonungen umsäumt, wie die Randstreifen der Moorwiesen genannt wurden. Die Schonungen waren wild aufgewachsene Sträucher und Bäume, die Früchte trugen. Himbeer- und Brombeersträucher gab es dort ebenfalls. Ab und an hoppelte auch ein Hase aus dem Gebüsch. Wir hatten uns eine kleine Milchkanne mitgenommen und dort hinein taten wir die leckeren Beeren. Einige gelangten auch unversehens in unsere Münder. Oma freute sich über unsere üppige Ausbeute und machte sich sogleich an die Arbeit. Die Früchte wurden nicht nur zu Marmelade, Gelee oder Grütze verarbeitet, wie Sie gleich erfahren werden.

Im Haus meiner Oma stand im Flur zur Waschküche hin eine Kommode mit fünf Schubladen. Jede war mit zwei goldfarbenen Messinggriffen versehen. Meine Tante musste die Griffe ab und zu putzen. Dann roch es fürchterlich streng im Haus. Aber anschließend waren sie blitzeblank.

Mich interessierte aber mehr das große Gefäß, das neben der Kommode stand. Es wurde nie geöffnet, und ich war leider zu klein, um hineinzuschauen. Meine Fragen dazu wurden mit den Worten: „Das ist nichts für Kinder!" abgetan.

Als ich einmal bei meiner Oma war, konnte ich unbeobachtet einen Stuhl mit in den Flur nehmen. Ich kletterte darauf und lugte schnell unter den Deckel. „Früchte? Und deswegen tun die so geheimnisvoll?", dachte ich enttäuscht und versuchte, mir welche daraus zu angeln. Was glücklicherweise

misslang, handelte es sich bei dem geheimnisvollen Gefäß um einen gefüllten Rumtopf, und Alkohol war und ist wirklich nichts für Kinder.

Ganz im Gegensatz zu Omas berühmten Buchweizenpfannkuchen. Die waren nicht nur lecker, sondern ein wichtiges Kommunikationsmittel. Dazu muss man wissen, dass es noch bis ins vorige Jahrhundert hinein in Omas Heimat überall riesige Moore gab. Sie erzählte mir, dass auf Hochmoorflächen Buchweizen ausgesät wurde. Frauen und Mädchen mussten diesen ernten. Sie hatten sich große Schürzen umgebunden, die unten mit einem Knoten zusammengehalten wurden. In der einen Hand hielten sie den Knoten, mit der anderen Hand wurde der Buchweizen geerntet und in der Schürze nach Hause transportiert. Wehe, man fiel hin, dann war die ganze Tagesernte verloren! Es war außerdem damals Brauch, dass ein Freier, der die Tochter des Hauses begehrte, zum Buchweizenpfannkuchen-Essen eingeladen wurde oder sich selbst einlud. War im Pfannkuchen kein Speck serviert worden, brauchte er sich keine Hoffnungen bei dem Fräulein zu machen. Er war abgelehnt worden, ganz ohne Worte.

Mit Eiern war das auch so eine Sache. Zu Omas Zeiten waren sie frisch nicht das ganze Jahr über erhältlich. Zum Frühjahr hin gab es viele Eier, im Spätherbst weniger. Um auch in diesen Zeiten Eier vorrätig zu haben, wurden sie in „Wasserglas" konserviert – einer glasigen, in Wasser löslichen Masse, die durch das Schmelzen von Sand und Pottasche oder Soda entsteht. Man nahm 1 l Wasserglas auf 9 l Wasser. Bei dieser Konservierungsmethode blieb das Eiweiß zu Eischnee schlagbar erhalten. Auch hier war oberstes Gebot die Sauberkeit. Die Eier mussten alle gesäubert und abgetrocknet werden, bevor man sie in die Flüssigkeit legte. Oma verwendete überschüssige Eier auch als Zahlungsmittel beim Kaufmann. Sie bekam dafür andere Waren, denn Kaffee, Tee und Zucker wuchsen nun mal nicht auf dem Feld. Außerdem hatte Oma noch eine andere Haltbarkeitsmethode für die Eier. Sie kochte sie solange, bis sie hart waren, und legte sie dann in eine Salzlake. Diese Eier wurden gerne als Zwischenmahlzeit für die Feldarbeit mitgenommen.

Rezepte für das Leckermäulchen

Fruchtiges und Süßes für große und kleine Naschkatzen

Zutaten
für die rote Grütze
je 150 g rote und schwarze
Johannisbeeren
150 g Erdbeeren
150 g Himbeeren
150 g Heidelbeeren
50 g Sago
150 g Zucker

für die Vanillesoße
½ l Milch
1 Prise Salz
½ Vanilleschote
2 gehäufte EL Speisestärke
2 gehäufte EL Zucker
1 Eigelb

Rote Grütze mit Vanillesoße

Rote Grütze

Die Beeren verlesen, putzen, waschen und gegebenenfalls entstielen. ¼ l Wasser mit dem Sago zum Kochen bringen und 5 Minuten bei schwacher Hitze fortkochen, dann die Früchte zugeben. Das Ganze ab und zu vorsichtig umrühren, jedoch sollten die Beeren nicht zerfallen. Noch einmal aufkochen, den Zucker hinzufügen und auf dem ausgeschalteten Herd ausquellen lassen. In eine Glasschüssel füllen und kalt stellen.

Vanillesoße

Einen Topf mit kaltem Wasser ausspülen und die Milch mit dem Salz hineingeben. Auf höchster Stufe zum Kochen bringen. Die Vanilleschote längs aufschlitzen und das Mark herauskratzen. Während des Erhitzens zur Milch geben. Die Speisestärke mit 2 Esslöffel kaltem Wasser anrühren und ebenfalls in die kochende Milch geben. Dabei gut rühren, einmal aufkochen lassen und anschließend den Topf vom Herd nehmen. Den Zucker unterrühren. Das Eigelb zunächst mit 2 Esslöffel heißer Soße verrühren, dann unter die gesamte Soße rühren. Die Vanillesoße in einen kleinen Krug füllen und zudeckt abkühlen lassen.

Tipp

Den Zucker rühren Sie am besten erst ganz zum Schluss unter die rote Grütze. Er verflüssigt sich sonst so stark, dass die richtige Konsistenz verloren geht. Wer es nicht so süß mag, kann auch weniger Zucker verwenden.

Holundergrütze

Zubereitung ca. 40 Minuten
Garen ca. 20 Minuten

für 4 Personen

Zutaten

300 g Holunderbeeren
300 g Birnen
300 g Pflaumen
1 Päckchen Vanillezucker
1 Stück Zimtstange
1 Sternanis
3 Gewürznelken
3 EL Zitronensaft
2 EL Sago
6 EL Zucker
2 cl Wacholderschnaps

❧ Holunderbeeren mit einer Gabel von den Stielen streifen, verlesen und waschen. Birnen waschen, schälen, halbieren, vom Kerngehäuse befreien und in Stücke schneiden. Pflaumen waschen, halbieren, entsteinen und ebenfalls in Stücke schneiden.

❧ Die Früchte mit Vanillezucker, Zimt, Sternanis, Gewürznelken, Zitronensaft, Sago und Zucker in einen Topf geben und langsam zum Kochen bringen. Dabei immer wieder umrühren und bei Bedarf einige Esslöffel Wasser hinzufügen.

❧ 5 Minuten bei geringer Hitze kochen lassen, anschließend auf der ausgeschalteten Herdplatte quellen lassen. Kurz vor dem Servieren den Wacholderschnaps unterrühren. Dazu passen ausgezeichnet Buchweizenpfannkuchen (Rezept siehe S. 96) und Vanillesoße (Rezept siehe S. 92).

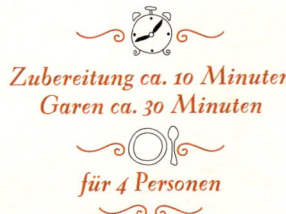
Buchweizen-pfannkuchen

Zutaten

1 Tasse Buchweizenmehl
1 Tasse Weizenvollkornmehl
2 Tassen Milch
½ Tasse lauwarmer Kaffee
1 Prise Salz
2 EL Honig
6 Eier
300 g fetter Speck

೨ Buchweizenmehl, Weizenvollkornmehl, Milch, Kaffee, Salz, Honig und Eier mit 1 Tasse lauwarmem Wasser gründlich verrühren. Den Speck in etwa 3 x 3 cm große Scheiben schneiden.

೨ Jeweils 4 Scheiben Speck in einer nicht zu großen Pfanne von beiden Seiten bei mittlerer Hitze anbraten. Mit einer Schöpfkelle etwas Teig darübergeben. Wenn der Teig von unten leicht angebräunt ist, den Pfannkuchen wenden. Der Buchweizenpfannkuchen ist fertig, wenn er beidseitig leicht angebräunt und am Rand kross ist. So fortfahren, bis der Teig aufgebraucht ist.

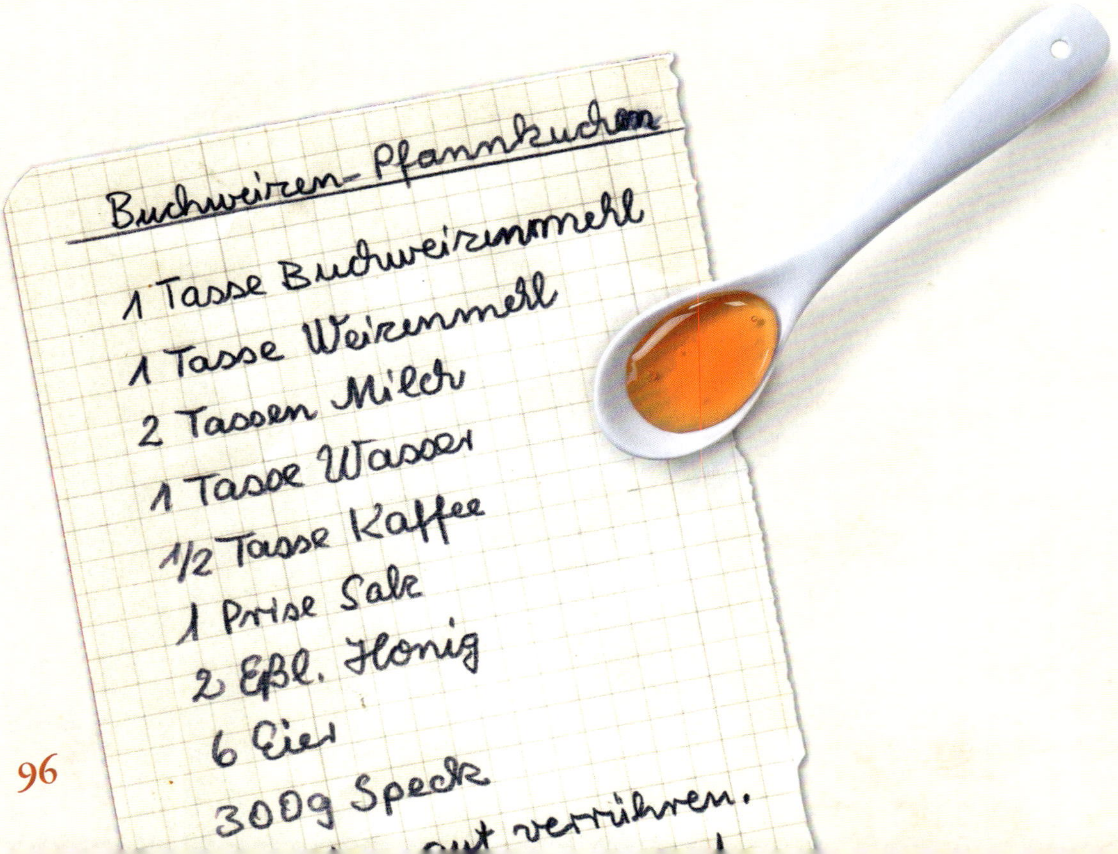

Buchweizen- Pfannkuchen

1 Tasse Buchweizenmehl
1 Tasse Weizenmehl
2 Tassen Milch
1 Tasse Wasser
1/2 Tasse Kaffee
1 Prise Salz
2 EßL. Honig
6 Eier
300g Speck
gut verrühren.

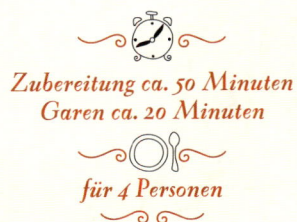
Zutaten
für den Grießflammeri

1 l Milch
1 Prise Salz
½ Vanilleschote
125 g Hartweizengrieß
75 g Zucker
2 Blatt Gelatine
2 Eier

Grießflammeri mit Rhabarbersoße

Rezeptfoto Seite 90

Grießflammeri

- Die Milch mit dem Salz in einen Topf geben und zum Kochen bringen. Die Vanilleschote längs aufschlitzen und das Mark herauskratzen. Das Vanillemark zur Milch geben.

- Den Hartweizengrieß einrühren und unter ständigem Rühren kurz mit aufkochen. Den Topf vom Herd nehmen und den Zucker unter die Milchmischung rühren.

- Die Gelatine nach Packungsanleitung einweichen und ebenfalls in die noch heiße Milchmischung einrühren.

- Die Eier trennen. 2 Esslöffel der Milchmischung in eine Tasse geben und mit dem Eigelb verquirlen. Dann das Eigelb unter die gesamte Milchmischung rühren.

- Das Eiweiß zu steifem Schnee schlagen und unterheben. Den Grießflammeri in eine große Glasschüssel füllen und kalt stellen.

Tipp

Servieren Sie beides auf einen mittelgroßen Teller. Zuerst einen Spiegel der Rhabarbersoße auf den Teller geben, dann mit einem Esslöffel Portionen vom Grießflammeri abstechen und auf der Soße platzieren.

Rhabarbersoße

für die Rhabarbersoße
500 g möglichst roter Rhabarber
300 g Zucker
2 EL Honig
½ Zimtstange
2 Blatt Gelatine
1 gehäufter TL Speisestärke

❧ Rhabarber waschen und bei Bedarf häuten. In 3 cm lange und ½ cm dicke Stifte schneiden. 100 ml Wasser zum Kochen bringen und den Rhabarber portionsweise darin blanchieren. Darauf achten, dass die Stücke nicht zerfallen. Sie sollen zum Schluss in einer klaren Soße schwimmen.

❧ Mit einem Schaumlöffel herausheben, kalt abschrecken und in eine Schüssel geben. Das Kochwasser mit Zucker, Honig und Zimt etwas einkochen lassen. Anschließend die Zimtstange entfernen.

❧ Gelatine nach Packungsanleitung einweichen, Speisestärke mit 1 Esslöffel kaltem Wasser verrühren und zur Zuckerlösung geben. Einmal aufkochen und anschließend die ausgedrückte Gelatine unterrühren. Die Soße über den Rhabarber gießen, vorsichtig umrühren und kalt stellen.

Süßkirschen-becher

Zutaten

500 g Süßkirschen
120 g Pumpernickel
1 EL Kirschwasser
200 g Sahne
200 g Quark
2 EL Honig
100 g geraspelte Schokolade

Die Süßkirschen entstielen, waschen, gut abtropfen lassen und entsteinen. Den Pumpernickel auf einen Teller zerbröseln und mit dem Kirschwasser tränken. Die Sahne steif schlagen und unter den Quark heben. Anschließend den Honig unter die Sahne-Quark-Mischung rühren.

Zum Anrichten zunächst einige Kirschen in 4 hohe Gläser – am besten Eisbecher – füllen. Dann immer abwechselnd eine dünne Schicht Pumpernickel, geraspelte Schokolade, Sahne-Quark-Mischung und wieder Kirschen einschichten. Die oberste Schicht sollte Sahne-Quark-Mischung sein. Zum Schluss noch jeweils 1 Kirsche als Garnitur daraufgeben.

Tipp

Meine Oma servierte den Süßkirschenbecher immer in hohen Groggläsern. Sie können natürlich auch jedes andere geeignete Glas dafür verwenden.

Zubereitung ca. 20 Minuten
Garen ca. 5 Minuten

für 4 Personen

Zutaten

2 Tafeln Zartbitterschokolade à 100 g
¼ l Milch
5 Eier
75 g Zucker
6 Blatt Gelatine
1 Prise Salz
500 g Sahne

Schokoladenspeise

Die Schokolade in kleine Stücke brechen und mit der Milch in einen Topf geben. Aufkochen lassen, anschließend den Topf vom Herd nehmen. So lange rühren, bis sich die Schokolade aufgelöst hat.

Die Eier trennen. Das Eigelb mit dem Zucker verquirlen und unter die Schokoladenmasse heben. Die Gelatine nach Packungsanleitung einweichen, in einem heißen Wasserbad erhitzen und tropfenweise unter die Schokoladenmasse rühren. Diese anschließend etwa 10 Minuten auskühlen lassen.

Das Eiweiß mit dem Salz zu sehr steifem Eischnee schlagen, dann vorsichtig unter die Schokoladenmasse heben. Die Sahne ebenfalls steif schlagen und etwa die Hälfte davon unterheben. Die Schokoladenspeise in Dessertschalen füllen und mit der restlichen Sahne verzieren.

Immer wenn eines von uns Kindern Geburtstag hatte, gab es eine Schokoladenspeise. Jedes Mal fragten meine Schulfreundinnen mich, ob es auch die Schokoladenspeise gibt. Manchmal hatte ich den Eindruck, dass sie nur deswegen kamen. Deshalb überredete ich meine Oma auch jedes Jahr, dass sie schon vormittags kommen sollte. Dann wusste ich, dass es mit der Schokoladenspeise auch klappt.

Tipp

In der Vorweihnachtszeit können Sie noch gemahlene Gewürze wie Zimt, Kardamom oder Nelken zugeben. Allerdings nur eine Prise, denn die Gewürze sind sehr geschmacksintensiv.

Hagebuttentorte

Zubereitung ca. 25 Minuten
Backen ca. 25 Minuten

für 1 Springform Ø 26 cm

Zutaten

60 g Butter
3 Eier
1 Prise Salz
140 g Zucker
½ TL gemahlener Zimt
140 g Buchweizenmehl
2 TL Backpulver
8 Blatt Gelatine
450 g Hagebuttenmus (aus dem
Reformhaus oder selbst gemacht,
siehe Tipp unten)
400 g Sahne
100 g geraspelte Schokolade

Butter schmelzen und abkühlen lassen. Eier trennen. Eigelb mit 3 Esslöffel warmem Wasser, Salz, Zucker und Zimt schaumig rühren. Buchweizenmehl mit Backpulver mischen und vorsichtig unterheben. Anschließend die abgekühlte, noch flüssige Butter nach und nach unterziehen. Eiweiß sehr steif schlagen und unterheben. Den Teig in eine mit Backpapier ausgelegte Springform füllen und bei 175 °C etwa 25 Minuten im Backofen backen.

In der Zwischenzeit die Gelatine nach Packungsanleitung einweichen, ausdrücken und im Wasserbad auflösen. Das Hagebuttenmus in eine Schüssel geben und die Gelatine in sehr kleinen Portionen unterrühren. Die Sahne steif schlagen und vorsichtig unter die Hagebuttenmasse heben.

Den ausgekühlten Tortenboden einmal durchschneiden. Die untere Hälfte mit einem Teil der Hagebuttensahne bestreichen. Die obere Hälfte darauflegen, die Torte rundherum mit der restlichen Hagebuttensahne überziehen und mit der geraspelten Schokolade bestreuen.

Tipp

Hagebuttenmus können Sie auch ganz leicht selbst herstellen. Dafür 2 Kilogramm Hagebutten von Blüten und Stielen befreien und mit wenig Wasser garen. Durch ein Sieb streichen und mit 300 Gramm Zucker aufkochen. Sie können das Mus auch portionsweise auf Vorrat einfrieren.

Buttercremetorte

Zubereitung 1 Stunde
Backen 30–40 Minuten
Ruhen 24 Stunden
+ 3 Stunden

für 1 Springform Ø 26 cm

Zutaten

für den Tortenboden
6 Eier à 50 g
1 Prise Salz
300 g Zucker
300 g Weizenmehl
3 TL Backpulver
Fett für die Form

für die Buttercreme
1 l Milch
1 Prise Salz
2 Päckchen Vanillepuddingpulver
à 44,5 g
150 g Zucker
500 g Butter
50 g Rosinen
50 ml Rum

Tortenboden

Die Eier trennen. Eiweiß mit Salz zu steifem Eischnee schlagen. Eigelb, Zucker und 6 Esslöffel Wasser so lange schlagen, bis sich eine hellgelbe, cremeartige Masse ergibt. Das Mehl mit dem Backpulver mischen und nach und nach unter die Eigelbmasse rühren. Zum Schluss den steif geschlagenen Eischnee unterheben. Den Teig in eine nur unten gefettete Springform füllen und bei 200 °C 30 bis 40 Minuten im Backofen backen. Sofort nach dem Backen aus der Springform nehmen und auskühlen lassen. Erst am darauffolgenden Tag in 3 gleich große Böden schneiden.

Buttercreme

50 ml Milch abmessen und beiseitestellen. Die restliche Milch mit dem Salz in einen Topf geben und zum Kochen bringen. Das Vanillepuddingpulver mit der beiseitegestellten Milch verrühren, den Topf vom Herd nehmen und das Vanillepuddingpulver in die kochende Milch einrühren. Nochmals unter Rühren aufkochen, den Zucker einrühren und anschließend in eine Schüssel füllen. Diese möglichst luftdicht abdecken, damit sich keine Haut bildet. 3 Stunden ruhen lassen.

Die Rosinen waschen und mit dem Rum erhitzen, jedoch nicht kochen. 2 Esslöffel zimmerwarme Butter und 2 Esslöffel Pudding in einer Rührschüssel miteinander verrühren. Danach immer abwechselnd 1 Esslöffel Butter und 1 Esslöffel Pudding unterrühren. So fortfahren, bis alles aufgebraucht ist.

Einen der drei Tortenböden auf eine Platte legen. Die Platte rundherum mit einem Streifen Backpapier abdecken. Den Tortenboden mit Buttercreme bestreichen und mit den in Rum getränkten Rosinen bestreuen. So fortfahren, bis alle Böden bedeckt sind. Den Tortenrand mit Buttercreme bestreichen und mit der restlichen Buttercreme verzieren.

375 gr. Mehl
375 gr. Zucker
375 gr. Eier
6 Essl. Zu

Kremtorte

25

Zubereitung ca. 40 Minuten
Ruhen ca. 40 Minuten
Backen ca. 1 Stunde

für 2 Stollen

Zutaten

1 kg Weizenvollkornmehl
80 g Hefe
140 g Zucker
400 ml lauwarme Milch
200 g Schmalz
100 g Sukkade
100 g Orangeat
250 g Rosinen
125 g Korinthen
1 Prise Salz
3 Eigelb
50 ml Orangenlikör
5 Tropfen Bittermandelaroma
1 Messerspitze Safran
1 TL gemahlener Kardamom
Mark von 1 Vanilleschote
200 g gehackte Mandeln
100 g Butter
100 g Puderzucker

Omas Stollen

☿ Das Mehl in eine Schüssel geben, in die Mitte eine Mulde drücken und die Hefe hineinbröckeln. Mit 1 Prise Zucker bestreuen und mit 100 ml lauwarmer Milch verrühren. Kurze Zeit gehen lassen, bis sich Blasen bilden.

☿ In der Zwischenzeit das Schmalz in kleine Stücke schneiden, Sukkade und Orangeat würfeln, Rosinen und Korinthen waschen und gut trockentupfen. Alles mit dem restlichen Zucker, der restlichen Milch, Salz, Eigelb, Orangenlikör, Bittermandelaroma, Safran, Kardamom, Vanillemark und Mandeln zum Vorteig geben und diesen rasch zu einem geschmeidigen Teig verkneten. Den Teig halbieren und noch einmal etwa 30 Minuten gehen lassen.

☿ Die Teighälften anschließend durchkneten, zu Stollen formen und auf ein mit Backpapier ausgelegtes Backblech legen. Bei 190 °C etwa 1 Stunde im Backofen backen.

☿ Zum Fertigstellen der Stollen die Butter in einem kleinen Topf zerlassen und die noch heißen Stollen damit einpinseln. Zum Schluss die Stollen dick mit Puderzucker bestäuben.

Tipp

In Alufolie verpackt halten sich die Stollen mehrere Wochen lang.

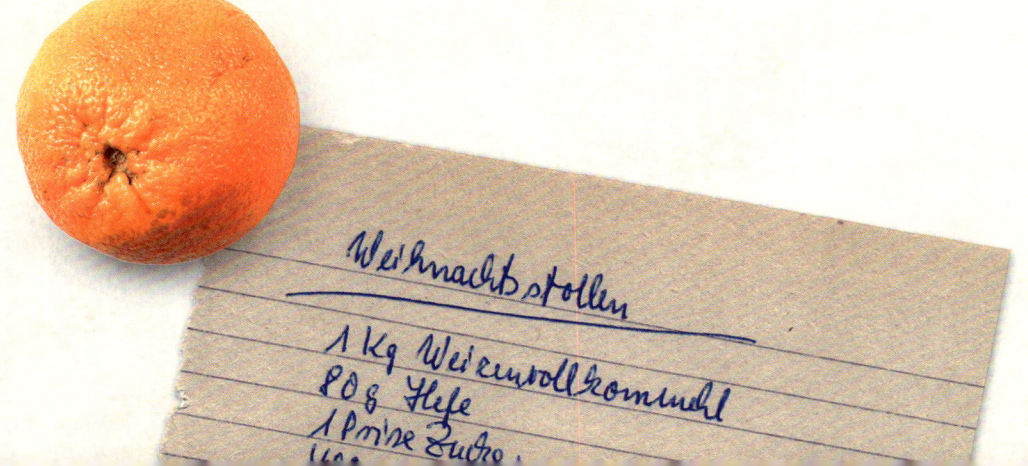

Zutaten

500 g Mehl
1 TL Salz
25 g Hefe
50 g Zucker
50 g Butter
100 ml lauwarme Milch
1 EL Milch
2 Eier
100 g Sultaninen
1 EL Milch zum Bestreichen

Außerdem

6 weiße hart gekochte Eier zum Färben

Süßer Eierkranz

Das Mehl in eine Schüssel geben und mit dem Salz mischen. Die Hefe darüberbröckeln, mit 1 Teelöffel Zucker bestreuen und etwas verrühren. Die Butter zerlassen und mit der lauwarmen Milch, 1 Ei sowie dem restlichen Zucker zum Teig geben. Mit den Knethaken der Küchenmaschine alles zu einem glatten Teig verarbeiten. Zugedeckt 20 Minuten gehen lassen.

Die Sultaninen waschen und unterkneten. Den Teig in 3 Teile teilen und diese mit den Händen zu etwa 60 cm langen Rollen formen. Aus diesen Teigsträngen einen Zopf flechten, den Zopf zum Kranz legen und weitere 20 Minuten gehen lassen.

Aus Alufolie 6 eigroße Kugeln formen und an der Stelle in den Teig drücken, an der später die Ostereier liegen sollen. Das restliche Ei mit dem Esslöffel Milch verschlagen und den Kranz damit einpinseln, anschließend nochmals 10 Minuten gehen lassen.

Den Kranz zunächst 10 Minuten bei 220 °C im Backofen anbacken, dann weitere 20 Minuten bei 190 °C fertigbacken. Nach dem Backen sofort die Alufolienkugeln entfernen. Zum Anrichten bunte Ostereier in den Kranz legen.

Tipp

Zum Färben der Eier kochen Sie 5 EL Kamillenblüten (keine Teebeutel) in 1 Liter Wasser auf und lassen die Eier 30 Minuten darin ziehen; sie werden gelb. ½ Liter aufgekochter Schlehensaft sorgt in derselben Zeit für Blautöne. Für Grüntöne brauchen Sie 5 EL grünen nicht gerösteten Mate-Tee auf 1 Liter Wasser. Jeweils stets auf Stufe 1 ziehen lassen.

Rezepte für den Vorrat

Früchte, Blüten und Gemüse
eingelegt und eingeweckt

Vorratshaltung

Zu Omas Zeiten gab es weder Gefrier- noch Kühlschränke. Obst und Gemüse wurde in Gläsern eingeweckt, in Steingutgefäßen in Essigsud eingelegt oder eingesalzen; manchmal wurde es auch getrocknet. Die Gläser und Gefäße wurden anschließend im Keller gelagert, denn dort war es auch im Sommer kalt und das Obst hielt sich bis zur nächsten Ernte. Einige Obst- und Gemüsesorten trockneten auch an der frischen Luft, etwa Äpfel, Pflaumen, Birnen und Hülsenfrüchte. Bohnen, Gurken und Kohl machte man auch mit Salz haltbar.

Einwecken und Einsalzen

Oberstes Gebot beim Einwecken ist Sauberkeit. Das Obst und Gemüse muss einwandfrei sein und darf keine Faulstellen haben. Decken Sie alle Arbeitsflächen mit sauberen Geschirrtüchern ab und spülen Sie Gläser und Gummiringe mit heißem Wasser aus. Die Gläser nach dem Spülen abtropfen lassen und darauf achten, dass beim Einfüllen des Einweckgutes weder die Ränder der Gläser noch die Gummiringe beschmutzt werden. Verwenden Sie als zusätzliche Flüssigkeit immer abgekochtes Wasser und reinigen Sie die Ränder sorgfältig mit einem feuchten Tuch. Dann werden Gummiring und Deckel aufgelegt und mit einer Klammer fixiert. Im Kochtopf sollten sich die Gläser nicht berühren. Geben Sie so viel Wasser in den Topf, dass es mit der Höhe des Kochgutes abschließt. Die Einweckdauer richtet sich nach dem Kochgut. Gerechnet wird, ab wann das Wasser im Topf kocht. Öffnen Sie nach dem Garvorgang den Topfdeckel und lassen Sie das Kochgut etwas abkühlen. Nehmen Sie die Gläser heraus, stellen Sie sie auf ein Küchentuch und bedecken Sie sie mit einem zweiten Tuch. Lagern Sie die abgekühlten Gläser im Keller.

Große Mengen an Gemüse wurden früher eingesalzen und auf diese Weise haltbar gemacht. Oftmals fehlte auch das Geld, um Weckgläser zu kaufen. Das Salzen wendete man bei Bohnen und Weißkohl an. Die Steintöpfe, die zum Einsalzen verwendet werden, müssen gründlich gereinigt und abgetrocknet werden. Das Gemüse wird schichtweise eingefüllt, mit Salz bestreut und gut gestampft.

Kochzeit Einwecken

Birnen ∿ 25–40 Minuten
Bohnen ∿ 100–120 Minuten
Gurken ∿ 10–20 Minuten
Kürbis ∿ 10–15 Minuten
Pflaumen ∿ 10–15 Minuten
Rote Bete ∿ 10–15 Minuten

Zum Abdecken nimmt man ein Leinentuch, das mit einem Holzbrett und einem Stein beschwert wird. Die Abdeckung muss jede Woche gereinigt werden.

In Essig einlegen

Früchte, die leicht zerfallen, können Sie auch vorzüglich in Essig einlegen. Der Essigsud wird aufgekocht; anschließend werden die Früchte darin gegart, mit einem Schaumlöffel herausgehoben und in einen wie beim Einsalzen beschriebenen sauberen Steinguttopf gegeben. Den Sud lässt man noch etwas einkochen, bis er dicklich ist. Es ist ratsam, eine Einmachhilfe unterzurühren, sie verhindert die Bildung von Schimmelpilzen. Anschließend wird die Flüssigkeit über das Einlegegut gegossen.

Trocknen

Das zum Trocknen verwendete Obst und Gemüse muss reif sein und darf keine Faulstellen aufweisen. Getrocknet wird an der frischen Luft oder in einem zugigen Raum. Das Trocknen kann auch im Backofen erfolgen. Bei 50 °C dauert der Trockenprozess mehrere Stunden.

Obst

Pflaumen und Zwetschgen sollten so reif sein, dass sie sich zum Stiel hin bereits etwas kräuseln. Die Früchte waschen, trockenreiben, auf einem Backblech ausbreiten und mehrmals wenden. Äpfel waschen, schälen, mit dem Apfelbohrer das Gehäuse ausstechen und in Ringe schneiden. Birnen waschen, schälen, halbieren und vom Kerngehäuse befreien. Beides entweder flach auf einem Backblech ausgelegt im Backofen oder an der frischen Luft aufgereiht trocknen.

Gemüse und Kräuter

Sellerie, Porree und Möhren waschen, putzen und ganz fein schneiden. Ausgebreitet auf einem Backblech im Backofen trocknen. Anschließend in Schraubgläsern aufbewahren. Erbsen und Bohnen waschen, von den Fäden befreien und auf einem Band aufreihen. An der frischen Luft trocknen und im getrockneten Zustand in einer Blechdose aufbewahren.

Die Kräuter vor der Blüte sammeln und in Sträußen an der frischen Luft trocknen. Anschließend fein zerbröseln und in Schraubgläsern aufbewahren.

Zutaten 1

je 300 g rote Johannisbeeren, Himbeeren und Brombeeren
100 ml Apfelsaft
1 kg Zucker
4 Sternanis

Zutaten 2

je 300 g Erdbeeren und Himbeeren
400 g Äpfel
1 kg Zucker
1 kleine Zimtstange

rucht - Marmelade
nimmt entweder:
rote Johannisbeeren
Himbeeren
Brombeeren
Äpfelsaft
ucker

Erdbeeren
Himbeeren
pfel + 1 kg Zucker

Dreierlei Fruchtmarmelade

Fruchtkombination 1

❧ Die Früchte verlesen, waschen, abtropfen lassen und gegebenenfalls entstielen. Mit 3 Esslöffel Wasser in einen großen Topf geben und erhitzen. Dabei ständig rühren. Einmal aufkochen lassen und die Früchte anschließend etwas zerstampfen.

❧ Apfelsaft und Zucker unterrühren und noch einmal erhitzen. Aufkochen, 10 Minuten sprudelnd kochen lassen und noch heiß in Gläser füllen. In jedes Glas ein Sternanis geben und das Glas mit einem passenden Deckel verschließen.

Fruchtkombination 2

❧ Die Beeren verlesen, waschen und abtropfen lassen. Die Erdbee-ren längs halbieren. Die Äpfel schälen, vierteln, vom Kerngehäuse befreien und in kleine Würfel schneiden. Die Früchte mit 3 Esslöffel Wasser in einem großen Topf erhitzen. Dabei ständig rühren. Einmal aufkochen lassen und die Früchte anschließend etwas zerstampfen.

❧ Zucker und Zimt dazugeben, umrühren und noch einmal erhitzen. Aufkochen, 10 Minuten sprudelnd kochen lassen, Zimtstange entfer-nen und die Marmelade noch heiß in Gläser füllen. Mit passenden Deckeln verschließen.

Tipp

Vor dem Einfüllen in die Gläser immer etwas Marmelade mit einem Teelöffel auf einen Teller geben, um zu sehen, ob sie auch geliert. Falls nicht, noch einige Minuten weiterkochen. Statt Zucker können Sie auch Gelierzucker verwenden, dann braucht die Mar-melade nur 4 Minuten kochen.

Fruchtkombination 3

◦ Die Früchte waschen und abtropfen lassen. Äpfel schälen, vierteln, vom Kerngehäuse befreien und in kleine Würfel schneiden.

◦ Mirabellen und Kirschen entsteinen. Die Früchte mit 3 Esslöffel Wasser in einem großen Topf erhitzen. Dabei ständig rühren. Einmal aufkochen lassen und die Früchte anschließend etwas zerstampfen. Zucker und Ingwer unterrühren und noch einmal erhitzen.

◦ Aufkochen, etwa 10 Minuten sprudelnd kochen lassen, noch heiß in Gläser füllen und diese mit passenden Deckeln verschließen.

Zutaten 3
je 300 g Äpfel und Mirabellen
400 g Kirschen
1 kg Zucker
1 EL fein gewürfelter frischer
Ingwer

117

Löwenzahn-blütengelee

Zubereitung 30 Minuten
Ruhen 24 Stunden
Garen 10 Minuten

für 3 kleine Gläser

Zutaten
300 g Löwenzahnblüten
3 EL Apfelsaft
500 g Zucker
1 EL fein gehackte Zitronenmelisse
2 EL Honig

❧ Die Löwenzahnblüten mit ¼ l Wasser in einen Topf geben, aufkochen und 24 Stunden stehen lassen.

❧ Die Blüten abseihen, dabei die Flüssigkeit auffangen. Diese mit dem Apfelsaft mischen, mit dem Zucker in einen hohen Topf geben, aufkochen und etwa 10 Minuten sprudelnd kochen lassen.

❧ Zitronenmelisse und Honig unterrühren und das Löwenzahnblüten-gelee noch heiß in Schraubgläser füllen. Sofort verschließen.

Quittenbrot

Zubereitung 20 Minuten
Garen 30–40 Minuten
Ruhen mindestens 24 Stunden

für 1 Backblech

Zutaten
700 g Quitten
500 g Zucker
100 g grober Zucker oder
Hagelzucker

❧ Die Quitten waschen, vierteln, vom Kerngehäuse befreien und mit 100 ml Wasser in einen Topf geben. Aufkochen lassen und anschließend zugedeckt bei schwacher Hitze 30 bis 40 Minuten garen.

❧ Die Quitten zerkleinern und auf einen mit einem Tuch belegten Seiher geben. Die gesamte Flüssigkeit ablaufen lassen. Das verbliebene Mus mit dem Zucker zurück in den Topf geben, erneut aufkochen und anschließend etwa 1 cm dick auf ein mit Backpapier ausgelegtes Backblech streichen. Mit Backpapier abdecken und mindestens 24 Stunden ruhen lassen.

❧ In Würfel oder Rauten schneiden, in grobem Zucker oder Hagel-zucker wenden und bis zum Verzehr in einer verschlossenen Dose aufbewahren.

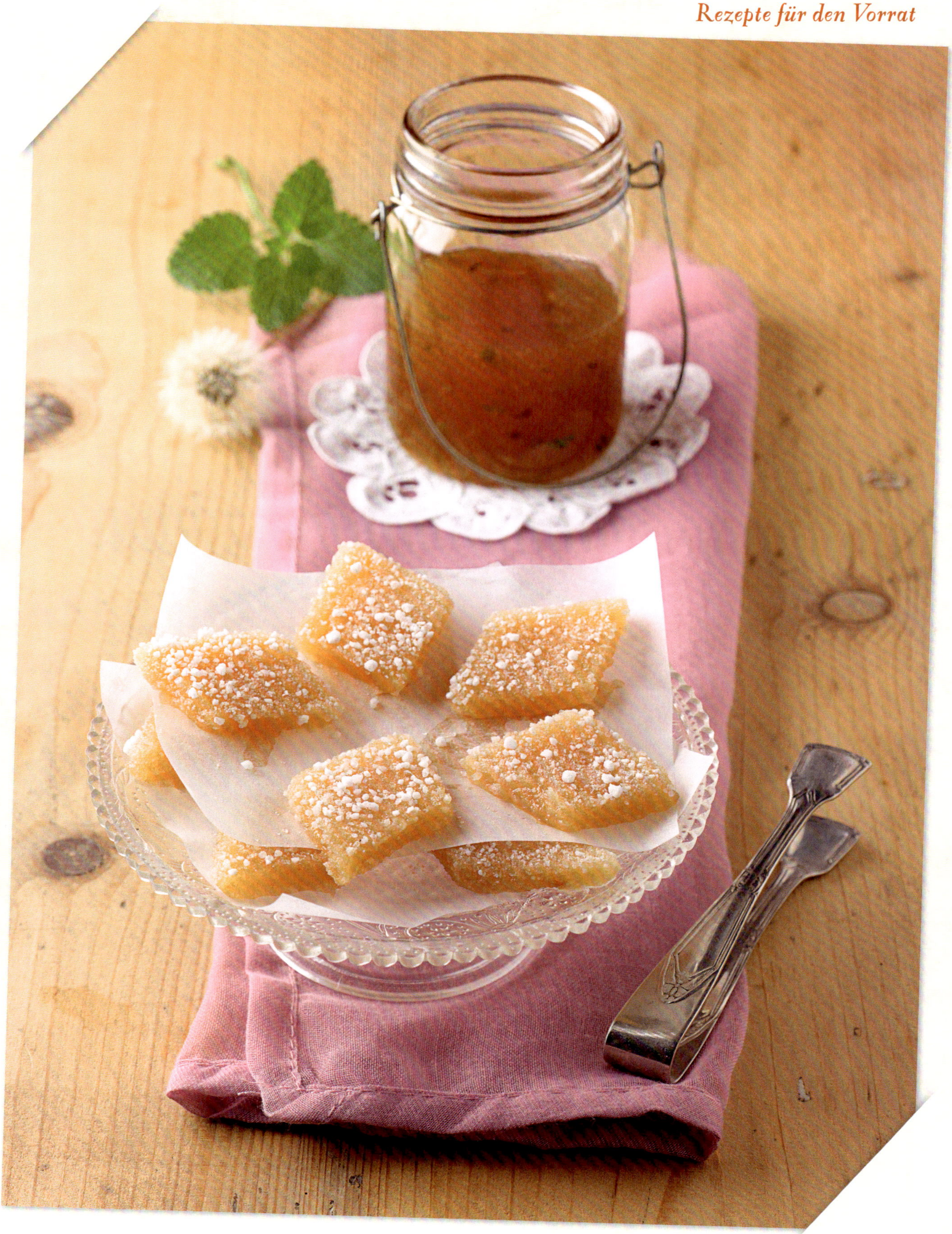

Rumtopf

Für den Rumtopf nur gut verlesene, einwandfreie Früchte verwenden. Immer mit 54-prozentigem Rum aufgießen und den Topf gut verschließen. Einmal die Woche mit einem großen Löffel vorsichtig umrühren. In jedem Monat kommen je nach Saison weitere Früchte in den Topf.

Juni

❧ Beeren verlesen, waschen und putzen. Mit dem Zucker in ein Rumtopfgefäß geben und etwa 1 Stunde durchziehen lassen. Anschließend mit so viel Rum auffüllen, dass die Früchte gut 3 cm bedeckt sind.

Juli

❧ Johannisbeeren waschen, von den Stielen streifen und mit einer kleinen Schere Blüten und eventuelle Stängelreste abschneiden. Sauerkirschen waschen und entstielen, aber nicht entsteinen. Die Früchte mit dem Zucker in den Rumtopf geben. So viel Rum dazugießen, dass die Früchte gut bedeckt sind.

August

❧ Mirabellen waschen, nicht entsteinen. Pflaumen waschen, halbieren und entsteinen. Die Früchte mit dem Zucker in den Rumtopf geben und wiederum gut mit Rum bedecken.

September

❧ Äpfel waschen, schälen, vierteln, vom Kerngehäuse befreien und in Würfel schneiden. Brombeeren verlesen, waschen, abtropfen lassen und entstielen. Die Früchte mit dem Zucker in den Rumtopf geben und wiederum gut mit Rum bedecken.

Oktober

❧ Birnen waschen, schälen, vierteln, vom Kerngehäuse befreien und in dünne Spalten schneiden. Mit dem Zucker in den Rumtopf geben, etwas Rum dazugießen und bis zum „Anstich" am 1. Advent stehen lassen.

Tipp

In Kirschen und Mirabellen mit einem Zahnstocher ein
kleines Loch stechen. Sie nehmen dann den Rum besser auf
und fallen nicht zusammen.

Zubereitung ca. 40 Minuten
Garen ca. 40 Minuten

für 1 Gefäß à 5 l

Zutaten

1,5 kg möglichst kleine Kochbirnen
375 ml Essig
1 kg Zucker
1 Stück Zimtstange
5 Gewürznelken
1 Päckchen Einmachhilfe

Zubereitung ca. 1 Stunde
Garen ca. 10 Minuten

für 1 Gefäß à 5 l

Zutaten

1,5 kg Zwetschgen
500 g Zucker
1 Stück Zimtstange
1 Stück frischer Ingwer
1 EL Gewürznelken
100 ml Weinessig

Süßsaure Früchte einlegen

Essigbirnen

❧ Die Birnen waschen, schälen und die Blüte entfernen. Der Stiel bleibt dran. Essig, ¼ l Wasser, Zucker, Zimt und Gewürznelken in einen großen Topf geben und zum Kochen bringen.

❧ Die Birnen portionsweise – immer 4 bis 5 auf einmal – darin garen, anschließend mit einem Schaumlöffel herausheben und in einen Steinguttopf füllen.

❧ Die Garflüssigkeit so lange einkochen, bis sie dickflüssig ist. Die Zimtstange entfernen. Den Topf vom Herd nehmen, die Einmachhilfe unter die Garflüssigkeit rühren und diese über die Birnen gießen. Den Topf nach dem Abkühlen der Birnen mit in Essig getauchtem Pergamentpapier verschließen.

Süßsaure Zwetschgen

❧ Die Zwetschgen waschen, halbieren und entsteinen. Zucker, Zimt, Ingwer, Gewürznelken und Essig mit 300 ml Wasser in einen großen Topf geben, aufkochen und etwa 5 Minuten sprudelnd kochen lassen.

❧ Die Zwetschgen dazugeben und ebenfalls einmal aufkochen. Mit einem Schaumlöffel herausheben und in ein Steingutgefäß füllen.

❧ Den Sud durch ein Sieb gießen, dabei auffangen und wieder in den Topf geben. Etwas einkochen lassen und anschließend über die Zwetschgen gießen; diese müssen gut bedeckt sein. Abkühlen lassen und das Gefäß mit in Essig getauchtem Pergamentpapier verschließen.

Zubereitung ca. 30 Minuten
Garen ca. 10 Minuten

für 3 kleine Gläser

Tipp

Die süßsauren Zwetschgen passen als kalte Beilage ausgezeichnet zu Wild-, Schweine- oder Rinderbraten. Im Unterschied zur Pflaume bleibt die Zwetschge wesentlich länger am Baum. Sie reift sogar noch im Spätherbst. Je reifer sie am Baum wird, desto mehr gewinnt sie an Süße. Es tut der Qualität übrigens keinen Abbruch, wenn die Zwetschge beim Pflücken schon runzelig ist – mit der beim Einmachen notwendigen Flüssigkeit gewinnt sie ihr „jugendliches Aussehen" wieder zurück.

Zutaten

500 g Brombeeren
¼ l Weinessig
250 g Zucker
1 TL gemahlener Ingwer
1 Stück Zimtstange
1 TL gemahlene Nelken

Süßsaure Brombeeren

Brombeeren verlesen, waschen und entstielen. Mit Weinessig, Zucker, gemahlenem Ingwer, Zimt und Nelkenpulver in einen hohen Topf geben und einmal aufkochen. Mit einem Schaumlöffel aus dem Sud heben und in vorbereitete Gläser füllen.

Den Sud mit den Gewürzen etwas einkochen, die Zimtstange entfernen und den Sud auf die Brombeergläser verteilen. Die Beeren müssen vollständig bedeckt sein. Die Gläser sofort mit einem Deckel verschließen.

Tipp

Die süßsauren Brombeeren passen als Beilage zu allen Wildgerichten. Sie können auch zur Verfeinerung von Soßen verwendet werden.

Zutaten

1,5 kg Kürbisfruchtfleisch
625 ml Essig
500 g Zucker
1 Zimtstange
1 TL klein geschnittener frischer
Ingwer
1 TL Gewürznelken

Kürbis

❧ Das Kürbisfruchtfleisch in 2 x 2 cm große Würfel schneiden und in einen Topf geben. Mit 125 ml Essig und 750 ml Wasser übergießen und zum Kochen bringen. Etwa 20 Minuten bei schwacher Hitze garen.

❧ Die Kürbisstücke in ein Sieb abgießen und abtropfen lassen. Den restlichen Essig mit ½ l Wasser, Zucker, Zimt, Ingwer und Gewürznelken in den Topf geben und aufkochen.

❧ In der Zwischenzeit den Kürbis in vorbereitete Einweckgläser füllen. Mit dem Sud übergießen und dabei darauf achten, dass die Gewürze im Großen und Ganzen gleichmäßig verteilt werden. Die Gläser verschließen und den Kürbis etwa 10 Minuten lang einwecken.

Tipp

Statt der Einweckgläser können Sie auch die etwas praktischeren Schraubgläser verwenden.

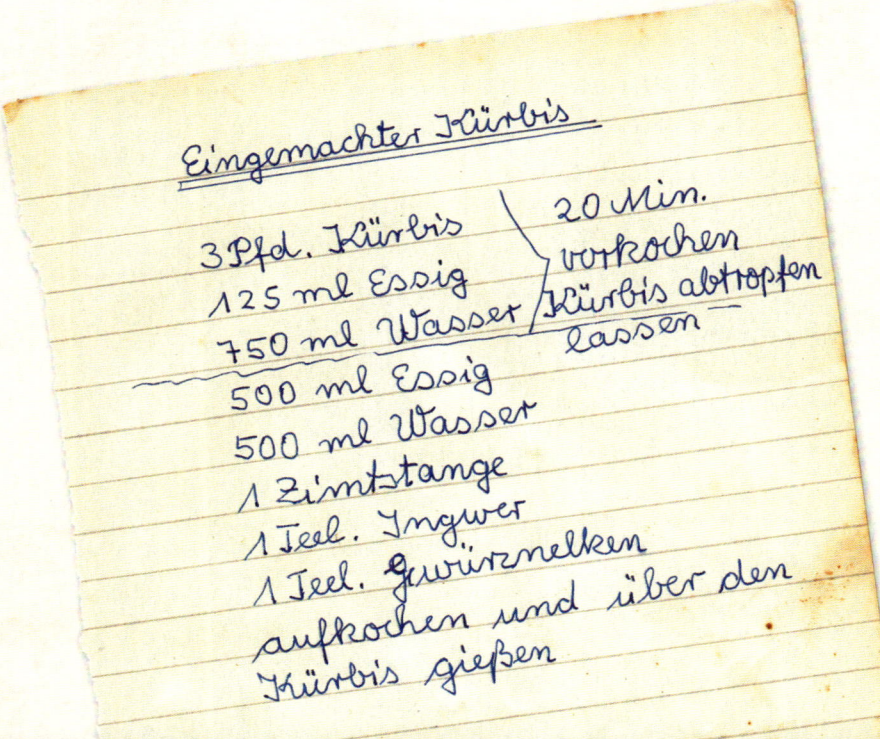

Bohnen und Gurken einsalzen

Zubereitung ca. 1 Stunde

für 1 Steingutgefäß à 7–10 l

Zutaten

5 kg junge grüne Bohnen
250 g Salz

Salzbohnen

☙ Die Bohnen waschen, gut trockentupfen, putzen und klein schneiden. In einer großen Wanne mit dem Salz vermischen. Eine Lage Salzbohnen in das Steingutgefäß füllen und fest andrücken. So fortfahren, bis alle Bohnen aufgebraucht sind.

☙ Mit einem Leinentuch abdecken und mit einem Holzbrett sowie einem Stein beschweren. Das Leinentuch jede Woche auswaschen bzw. erneuern. Die Bohnen an einem kühlen Ort aufbewahren, z.B. im Keller.

Zubereitung ca. 45 Minuten
Garen ca. 5 Minuten

für 1 Steingutgefäß à 8–10 l

Zutaten

5 kg kleine grüne Traubengurken
1 Bund Dill
1 Bund Estragon
250 g Salz

Salzgurken

☙ Die Gurken unter fließendem kaltem Wasser gründlich abbürsten, damit keine Reste von Staub und Erde zurückbleiben. Die Gurken einzeln gut abtrocknen.

☙ Dill und Estragon waschen, trockenschütteln und etwas zerkleinern. Die Gurken abwechselnd mit den Kräutern in das Steingutgefäß füllen.

☙ 5 l Wasser mit dem Salz zum Kochen bringen und über die Gurken und Kräuter im Steingutgefäß gießen. Das Gefäß mit einem Leinentuch abdecken und mit einem Holzbrett sowie einem Stein beschweren. Nach 3 bis 4 Wochen sind die Gurken verzehrfertig.

Zubereitung ca. 1 Stunde
Garen ca. 20 Minuten

für 1 Steingutgefäß à 7–10 l

Zutaten
5 kg erntefrischer Weißkohl
100 g Salz

Selbst gemachtes Sauerkraut

❧ Den Weißkohl waschen, putzen, vierteln, vom Strunk befreien und fein hobeln.

❧ In einer großen Wanne mit dem Salz mischen und Lage für Lage in das Steingutgefäß füllen. Jede Lage ordentlich stampfen.

❧ Den Kohl mit einem Leinentuch bedecken und mit einem Stein beschweren. Der Stein muss so schwer sein, dass Flüssigkeit im Steinguttopf zu sehen ist.

❧ Das Gefäß in einen Raum mit 18 °C Zimmertemperatur stellen, sonst tritt keine Gärung ein. In 4 bis 6 Wochen ist das Sauerkraut fertig.

Zubereitung ca. 35 Minuten
Garen ca. 20 Minuten
Einwecken 20 Minuten

für 4 Gläser à ½ l

Zutaten

2 kg gelbe Schälgurken
½ l Tafelessig
500 g Zucker
4 Lorbeerblätter
4 Gewürznelken
4 kleine Stücke frischer Ingwer
4 Wacholderbeeren
4 schwarze Pfefferkörner
1 TL Senfkörner

Schälgurken

⁂ Die Gurken waschen, schälen und längs halbieren. Mit einem Löffel die Kerne herausschaben. Das Gurkenfruchtfleisch in mundgerechte, etwa 2 x 3 cm große Stücke schneiden.

⁂ Den Essig mit 1 l Wasser, Zucker, Lorbeerblättern, Gewürznelken, Ingwer, Wacholderbeeren, Pfeffer und Senfkörnern in einen Topf geben und einmal aufkochen.

⁂ Einweckgläser in heißem Wasser spülen, auf einem sauberen Geschirrtuch abtropfen lassen und mit den Gurkenstücken befüllen. Den heißen Essigsud durch ein Sieb gießen und dabei auffangen. Über die Gurken geben. Die Einweckgläser verschließen und die Gurken 20 Minuten lang einwecken.

Tipp

Sie können die Gurken auch gleich in dem Essigsud garen, dann beträgt die Einweckzeit nur 5 Minuten.

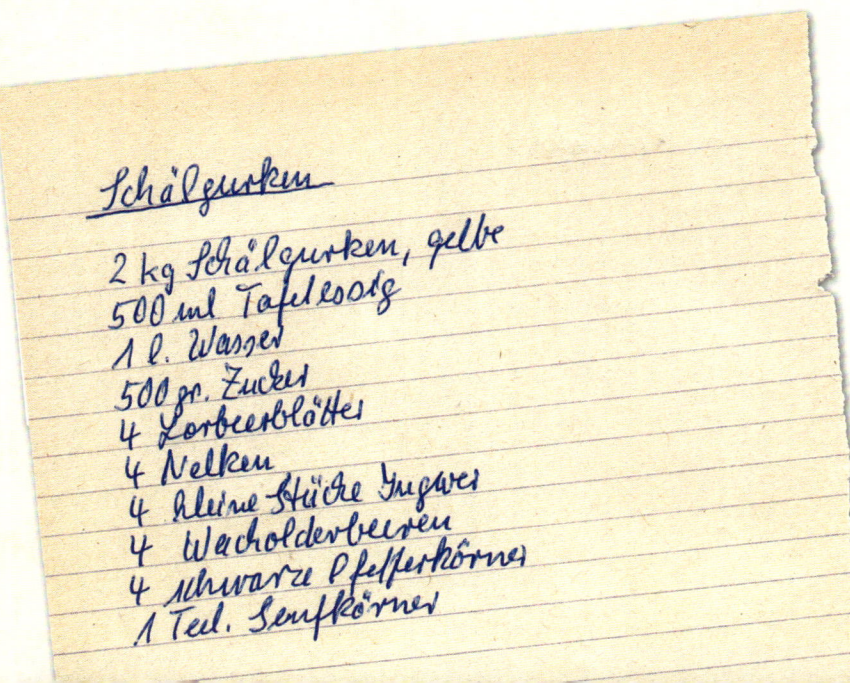

Rote Bete

Zubereitung ca. 45 Minuten
Garen ca. 1 Stunde
Ruhen 24 Stunden
Einwecken ca. 10 Minuten

für 6 Gläser à ½ l

Zutaten
2 kg Rote Bete
1 TL Senfkörner
1 kleine Stange Meerrettich
250 g Zucker
1/8 l Essig

❧ Die Rote Bete vorsichtig waschen und dabei darauf achten, dass die Schale nicht beschädigt wird. Die Rote Bete „blutet" sonst beim Kochen aus und verliert somit an Farbe. Das Gemüse in einen großen Topf geben und vollständig mit Wasser bedecken. Zum Kochen bringen und etwa 1 Stunde bei mittlerer Hitze fortkochen. Kleinere Rüben brauchen etwas weniger Garzeit, größere etwas mehr.

❧ Mit einem Holzspieß die Garprobe machen: Ist die Rote Bete so weit, mit einem Schaumlöffel herausheben und kalt abschrecken. Anschließend sofort schälen. Abkühlen lassen, vierteln und in Scheiben schneiden.

❧ Senfkörner in ein Leinensäckchen füllen, Meerrettich schälen. Beides mit Zucker, Essig und 375 ml Wasser in einen Topf geben und aufkochen. Die Rote-Bete-Scheiben dazugeben, den Topf vom Herd nehmen und die Rote Bete 24 Stunden ruhen lassen.

❧ Senfkörner und Meerrettich aus dem Sud nehmen und die Rote Bete mit dem Sud in vorbereitete Einweckgläser füllen. Die Gläser verschließen und die Rote Bete etwa 10 Minuten lang einwecken.

Soleier

Zubereitung ca. 15 Minuten
Garen ca. 10 Minuten

für 8 Eier

Zutaten
8 Eier
50 g Salz
4 schwarze Pfefferkörner

- 1 l Wasser in einem Topf zum Kochen bringen. Mit dem Eierstecher jeweils ein kleines Loch in die Eierschalen stechen, anschließend die Eier in das kochende Wasser geben.

- Bei mittlerer Hitze 10 Minuten kochen. Die Eier einzeln herausnehmen und kalt abschrecken.

- Für den Sud 1 l Wasser mit dem Salz und den Pfefferkörnern aufkochen und abkühlen lassen. Die Eier rundherum mit einem Löffel anschlagen und in ein Steingutgefäß legen.

- Die Salzlösung einfüllen und das Gefäß mit einem Deckel verschließen. Die Eier halten sich so bis zu 4 Wochen.

Tipp

Sie können zur Aufbewahrung auch ein großes
Schraubglas verwenden.

Omas beste Tipps

Immer wenn in den Rezepten „Weizenmehl" angegeben ist, können Sie auch Weizenvollkornmehl verwenden. Dieses Mehl entspricht eher dem Mehl, das vor 60 Jahren benutzt wurde.

Mettenden und Speck können Sie durch Hohe Rippe vom Rind ersetzen; dann allerdings muss die Kochzeit des Fleischs um 20 Minuten verlängert werden.

Alle Angaben über Kräuter sind so, wie Oma sie verwendet hat. Sie können aber auch andere Kräuter nehmen. Allerdings immer nur so viel, dass der Eigengeschmack des Gerichts nicht verfälscht wird.

Angebrannte Töpfe werden wieder sauber, wenn Sie Wasser mit Seifenpulver in dem Topf aufkochen.

Frischen Fisch erkennen Sie an seinem festen und weißlich-rosafarben schimmernden Fleisch.

Lassen Sie Gemüse und Kartoffeln niemals über längere Zeit in Wasser stehen, sonst gehen wertvolle Vitamine verloren.

Schneiden Sie Porreestangen vor dem Waschen immer längs auf; so können Sie den Sand besser herausspülen.

Sie können Rosenkohl beim Kochen auch ein Stück Apfel beifügen, um den bitteren Geschmack des Kohls zu reduzieren.

Schlagen Sie Eiweiß immer mit 1 Prise Salz steif. Das geht schneller, und der Eischnee bleibt länger fest.

Frischer Meerrettich lässt sich besser reiben, wenn Sie ihn vorher 1 Stunde ins Gefrierfach legen.

Klöße können Sie gleichmäßiger formen, wenn Sie den Teig zuerst zu einer Rolle formen und von dieser dann gleich große Stücke abschneiden.

Geben Sie Stampfkartoffeln immer heiße Milch zu. Bei kalter Milch wird der Kartoffelbrei glasig und zäh.

Mittags übrig gebliebene Nudeln können Sie klein schneiden und am nächsten Tag als Suppeneinlage verwenden.

Reste vom Gänse- oder Wildbraten können Sie am nächsten Tag kalt als Aufschnitt oder warm in einem Auflauf verwerten.

Stellen Sie die Brat- und Backtemperaturen nicht zu hoch ein. Dunkel gewordenes Gargut sieht nicht besonders appetitlich als. Deshalb den Herd austesten und die Temperatur entsprechend wählen.

Wenn Sie nur einige Tropfen Zitronensaft benötigen, können Sie die Zitrone auch mit einer Gabel anstechen und die Tropfen herauspressen. Dann bleibt die restliche Zitrone länger frisch.

Saftige Beeren – beispielsweise für eine rote Grütze – geben Sie nach dem Waschen mit Zucker in einen Topf. Legen Sie den Deckel auf und warten Sie 30 Minuten – die Beeren haben dann so viel Saft abgegeben, dass Sie sie ohne die Zugabe von Wasser kochen können.

Rezeptregister

Über die Autorin

Helga Buß-Saathoff wurde 1947 am Rande eines Moorgebiets in einem kleinen Dorf in Norddeutschland geboren. Sie hat zwei Söhnen und einer Tochter das Leben geschenkt und sie ins Leben begleitet.

Als ausgebildete Meisterin der städtischen Hauswirtschaft gründete sie nach der Familienphase 1999 ihren eigenen Verlag, den Hebus-Verlag, um ihre Kochbücher und die anderer Autoren zu veröffentlichen. So hat sie mittlerweile über 60 Bücher herausgegeben.

Mit 65 Jahren wollte sie eigentlich Rentnerin sein und endlich einmal Zeit für sich haben. Allerdings fand sie das schnell langweilig und beschloss, weiterhin Kochbücher zu verfassen.

Ziel der Autorin ist es, alte Rezepte zu neuem Leben zu erwecken – Rezepte zu Gerichten, deren Zubereitung äußerst sparsam im Energieverbrauch ist. Außerdem sind sie auch für ungeübte Küchenakrobaten leicht zu bewältigen.

Impressum

ISBN: 978-3-572-08164-6

1. Auflage

Umschlaggestaltung: Atelier Versen, Bad Aibling

Redaktion: Dr. Ulrike Kretschmer, München

Projektleitung: Birte Schrader

Bildredaktion: Christa Jaeger

Fotografie: Andreas Ketterer, Foodstyling: Evelyn Layher; www.ketterer-layher-foodphoto.de

Außer: Bassermann Verlag: 85 (Oliver Schwarzwald); CanStockPhoto: Vor- und Nachsatz (Barbulat); Dover Publications, Inc.: Poesiesticker S. 10-13 (1999, 2000 by Dover Publications, Inc); Fotolia.com: 8, 139 (Ina Schoenrock), 20, 54, 120 (ExQuisine), 25 o. (Mellow10), 25 u. (Simone Andress), 47 (digitalvox), 57 o. (andrea lehmkuhl), 66 (Andrea Wilhelm), 68 (kyonnta), 69 (womue), 78 (Maceo), 88 (shaiith), 89 (akf), 92, 120 (Robert Kneschke), 95 (Johanna Mühlbauer), 99 (A_Lein), 104 (Andrea Wilhelm), 110 o (ccke), 110 u (Friedberg), 112 (wsf-f), 115 o. (Thomas Bethge), 115 u. (Olaf Schulz), 117 (Jenny Sturm), 118 (emer), 123 o. (Lysander), 123 u. (ebraxas), 127 o. (Petra Beerhalter), 127 u. (Picturefoods.com), 131 o. (photocrew), 132 (Anna Kucherova), 135 (lantapix); Getty Images: 39 (Jupiterimages), 53 (Kais Tolmats), 128 (Will Heap); iStockphoto: 121 (small_frog); Privatarchiv der Autorin: 9, 10, 13, 15, 21, 22, 28, 30, 33, 36, 39 o., 40, 43, 44, 46, 51, 53 r., 58, 64, 69 u., 71, 73 o., 82, 84, 86, 89 o., 91, 99 l., 100 r., 104 l., 113, 127 l., 128 l., 133, 138; Stockfood: 26, 78, 102 (Alessandra Pizzi), 32 (Walter Pfisterer), 50 (Feig & Feig), 57 (Charlotte Murphy), 73 (Karl Newedel), 90 (Brigitte Wegner), 96 (Ulrike Koeb); Südwest Verlag, München: 100, 108, 131 u.; 114, 125 (Peter Rees), 129 (Ullrich Kerth)

Layout und Satz: Katharina Schweissguth, Visuelle Kommunikation, München

Reproduktion: Regg Media GmbH, München

Druck und Verarbeitung: Neografia, Martin

Printed in Slovakia

Verlagsgruppe Random House FSC® N001967

Das für dieses Buch verwendete FSC®-zertifizierte Papier *Profimatt* liefert Sappi Ehingen